8個

你不可不知的
國際關係議題

王世宗 主編

王世宗　王文隆　周雪舫　陳小雀
林志龍　趙秋蒂　廖舜右　著

International
Relations

三民書局

國家圖書館出版品預行編目資料

8個你不可不知的國際關係議題／王世宗主編；王
世宗,王文隆,周雪舫,陳小雀,林志龍,趙秋蒂,廖
舜右著.——初版一刷.——臺北市: 三民, 2018
　　面；　　公分

ISBN 978–957–14–6479–4　（平裝）

1.國際關係

578.1　　　　　　　　　　　　　　　107015932

ⓒ　8個你不可不知的國際關係議題

主　　　編	王世宗
著 作 人	王世宗　　王文隆　　周雪舫
	陳小雀　　林志龍　　趙秋蒂　　廖舜右
發 行 人	劉振強
著作財產權人	三民書局股份有限公司
發 行 所	三民書局股份有限公司
	地址　臺北市復興北路386號
	電話　(02)25006600
	郵撥帳號　0009998–5
門 市 部	(復北店)臺北市復興北路386號
	(重南店)臺北市重慶南路一段61號
出版日期	初版一刷　2018年11月
編　　　號	S 600130

行政院新聞局登記證局版臺業字第○二○○號

有著作權‧不准侵害

ISBN　978–957–14–6479–4　　（平裝）

http://www.sanmin.com.tw　三民網路書店
※本書如有缺頁、破損或裝訂錯誤，請寄回本公司更換。

　　國際關係屬於政治課題，而政治是人際關係的一種表現，由此可見，國際關係是人際關係的擴大。孟子說：「天下之本在國，國之本在家，家之本在身。」（《孟子》〈離婁〉上）《禮記》〈大學〉有云：「物格而後知至，知至而後意誠，意誠而後心正，心正而後身修，身修而後家齊，家齊而後國治，國治而後天下平。」這個說法認為，「格物、致知、誠意、正心、修身、齊家、治國、平天下」是由近及遠或從小到大的開化方式，與孟子之言相互輝映。顯然，政治所涉及的問題可能極小、也可能極大，從個人的事務到世界的事務，都是政治必須關照的對象，或者說「小我」與「大我」具有密切的關係，兩者不可能截然分開。有人問孔子為什麼不從政，孔子回答：「孝順父母便應友愛兄弟，像這樣依照道理處事待人，與從政並無兩樣，哪裡需要做官才算是從政！」（《論語》〈為政〉）如此看來，任何人都應該求知行善，奉獻一己以改善世界，「窮則獨善其身，達則兼善天下」（《孟子》〈盡心〉上）；所謂政治理當是淑世的事業，人人皆可為之，不論能力大小、不論何時何地。

　　國際關係是近代興起的政治問題，由於古代帝國爭霸，強國與弱國極不平等，所以少有真正的國際關係可言。近代民族主義盛行，國家紛紛獨立，其對等地位逐漸形成，因此國際關係開始正式發展。17世紀時，許多歐洲小國發現，國際亂象對其安全與權益甚為有害，因而趨於擁護國際公約的成立。此舉是出自國家自保的考量，而非促進世界大同的理想，但它確實

有「義利兩全」的效用，可以改善國際政治。如今，世上國家不論強弱，大約都支持國際法，只是其支持程度可能差別不小。現代的經濟形勢與戰爭態勢，使所有國家都頗受國際情勢變化的影響，不論大國小國均擔憂世界政局的動盪，於是國際法的重要性更廣為人知。研究國際關係正如研究歷史一樣，有鑑往知來的希望，雖然預測未來絕不可能精確無誤，但精神上避免重蹈覆轍乃是極其可為的事。

就政權的範圍而言，人類歷史顯示「小、大、中、全」的轉變趨勢，這即是「城邦、帝國、民族國家、世界一體」的時勢先後興起。此一發展趨向雖與文明的理想有關，但與現實的條件關係更深，所以世界政治的變化，常因理想與現實的差異而多有隱憂。在現代世界中，「國際化」(Internationalization)與「全球化」(Globalization) 的潮流強盛，各國原有的特色因此減少，而世界大同的精神未必增加，於此國際關係的研究，應使吾人瞭解政治擴張的得失利弊。20 世紀以來，政治學者對於政治的基本觀念，始終難以超越前人的看法；18、19 世紀的人權與民主等主張，至今已成為舉世流行的基本政見，新的政治問題探討大多限於技術層面，理念上則少有創新。本書所討論的範圍，正是數百年來世界政治巨變的時代，但願讀者能由此認識當今人類文明的成敗及禍福。

王世宗

8 個你不可不知的
國際關係議題

導　論

文／王世宗

外交的本質

　　政權的單位是國家，但政治行為不限於國內，外交 (Diplomacy) 乃是國際政治 (International Politics)，亦即「國交」，也就是國家對外的政治行為。政治是權力競爭的活動，而權力競爭並無止境，舉世一統的政權才是政治生命的最終追求，然此事絕無可能實現，故外交其實是國際優勢的競逐，「弱國無外交」的道理或含意即在於此。「征服」是外交的實質目的，然其手段可能是和平的，所以外交表面上盛行於「實力相當而地位平等」的國家之間，而國力強弱愈為懸殊則愈無外交可言；即因外交是國際爭霸的活動，無競爭之情即無外交之實，故

強國的外交動向備受矚目，而小國的外交常是有名乏實。

外交的演進

　　中古後期，羅馬教廷因領導基督教世界而需與歐洲各地保持聯繫，由是發展出一套類似國際交往的運作機制，這可說是現代外交體系的先驅。16世紀中期，歐洲國家開始派任常駐外國的代表，至17世紀末時，歐洲各國已普遍互遣外交使節；18世紀時，「國際關係」(International Relations) 一詞出現，顯示外交活動的興盛，1815年的維也納會議，於外交制度的重整與推展著力甚多，這是現代外交新局之始。20世紀以來，由於國際關係更形緊密，加上交通科技日益進步，因此各國領袖直接會議，或各國政府直接交涉的情況漸多；同時民主政治使國際協商趨向公開化與法治化，於是外交官聽命行事的程度大增，其身為駐外代表所握有的自主

圖1　璞鼎查公使──璞鼎查 (Henry Pottinger, 1789–1856) 為英國首位駐華公使，代表大英帝國與清官方直接交涉。在當時國際慣例，大國會對小國派遣「公使」，相對於「大使」層級較低，隱含著「上對下」的意味。直到二次大戰後，各國通例派駐「大使」，以示外交平等。

權力則相對減少。現代外交所牽涉的事務擴及經濟、科學、軍事、文化等複雜的專業問題，此非一般外交官員所可包辦，而有賴政府其他部門的協同處理，所以傳統外交體制的功能與重要性已大不如前。

外交與國際競爭

外交是國際政治，外交興盛之時並非國際太平之時，國際關係緊張而富有變化發展的餘地，才是外交活躍的時候。19世紀之所以是外交的盛世，乃因當時列強對峙，而可資操縱宰割的地方眾多；20世紀在美國與蘇聯二分天下的「兩極化」(Bipolarization) 世局中，外交則有難以伸展的困窘。這不表示外交製造糾紛，而是意味糾紛激勵外交，外交企圖於競爭中立功，「行禮如儀」而得失不多的外交並不重要。

一國的外交政策，常表現其特有的民族角色，所以外交政策的持續性或一貫性，為重視「國格」者所強調，而其所求自然是擴展國際的影響力。然而外交取向未必與內政方針一致，「安內攘外」乃是一般政權所主張，這與大部分家族團結對外的作風相似；故自由主義國家的外交政策可能為帝國主義（如英國），而極權主義國家的外交策略可能是號召平等主義（如蘇聯），一國的外交政策與其內政風格未必

圖2　冷戰時期的兩大外交核心——左圖為美國白宮，右圖為蘇聯（今俄羅斯）克里姆林宮，兩地分別是民主陣營、共產陣營的外交核心。

相符。外交活躍於勢均力敵的國際關係中，一旦國際抗衡之勢顛覆而大國稱雄之局出現，外交若非消歇即變得有名無實。例如中國在春秋戰國時代外交活動盛行，而秦漢帝國建立之後便再無外交（未有「外交部」而以「禮部」與「理藩院」治辦夷務）；羅馬帝國稱霸之時，外交微不足道，而歐洲外交體制的建立，是在列國分立形勢確定之後。總之，外交必以「實力」作為後盾，因此外交是平時一國國力最顯著的表現所在。

因外交為國際競爭，而競爭是為求勝，故國際公法中的「平等」與「中立」地位常未受強國尊重，難怪國際法是否為法律，一直以來都是無法有效解決的爭議。有政治即有國家，有國家即有外交，外交由來久遠，雖然外交制度是現代的創作，但外交行為自古即有。外交原則使國際競爭亂中有序，外交官引以為傲者，往往是以最小的代價

圖 3　古巴飛彈危機漫畫──圖中美、蘇領袖坐在原子彈上比腕力，而桌上有引爆原子彈的按鈕，隱喻核彈危機一觸即發。所幸危機和平收場，成為冷戰時期以外交手段平息紛爭的重大案例。

獲得最多利益，無須動武而達成目的則是其常規。外交可能消解國際糾紛，但也可能引發國際戰爭；「外交」不包括作戰，而「對外政策」卻包括宣戰。學者指出英國「既無永遠的敵國，也無永遠的友邦，只有不變的利益」，然此種作法實在是一般國家的外交方案，並非英國所獨有。

國際政府

國際政治的活動起源甚早，但國際政府 (International Government)

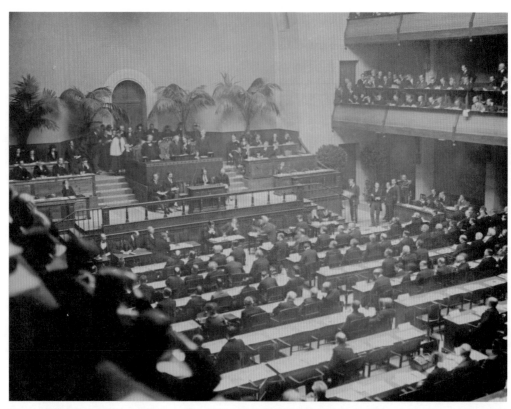

圖 4　國際聯盟會員國大會實況──圖中可見少數強國代表坐在較高的主席臺上主持會議，其餘一般國家代表則是坐在下方座位。

觀念乃是文明晚期的產物，此見是由國際關係的危機所促成，其所含理想並不高。民族對抗之害與時俱增，國際政府的需求因而產生，但國際政府的功效其實不大。若各人皆能獨善其身，則社會必然和諧，若各國皆能自立自強，則世界將為和平；但因事實不然，所以「大我」有干涉與扶持「小我」的任務，這是社會有其法制，而世界有其公約的

圖 5　聯合國大會現場

緣故。現代國際政府雖不是宰制全世界的帝國，但其運作仍有相當的效力，這是由於國際合作已成為人類生存的必要條件。諷刺的是，國際政府的建立，是維護世界和平的需求所致，所以世界太平真正出現時，國際政府便無存在的必要；然其大功告成而功成身退的時候，永無可能到來，所以國際政府必須訴諸強迫性手段，以維持國際和平。

　　國際政府的建立，是人類救亡圖存的自保行動，然而國際政府的成功竟有賴強權政治 (Power Politics) 的運作；國際聯盟 (League of Nations) 迅速失敗而聯合國 (United Nations) 相當成功，其一大原因便是

霸權在當中作用（亦即強國支持）的程度。國際法尊重國家主權，國際政府對任何國家均無強迫其參加的權威，強國依國際法並無犧牲自我以濟弱扶傾的責任，而小國對國際政府的需求不少於大國，可見國際政府有賴強國配合方可鞏固。聯合國與國際聯盟有一重大差異，此即所有的軍事強國自一開始便加入了聯合國，相反地，許多強國不是未加入國際聯盟，便是日後撤出，故聯合國的「代表性」實在遠勝於國際聯盟。美國不參加國際聯盟而積極入主聯合國，這是國際聯盟不如聯合國成功的原因之一，這間接證明國際政府是國際鬥爭或妥協的產物，而非大同理想的實現。

國際合作與世界一家

政治是權力競爭，上古城邦 (City-state) 時代因帝國 (Empire) 建立而結束，其後民族國家 (Nation-state) 瓦解帝國政局，然強盛的民族國家抱持帝國主義，再度企圖建立國際霸權；如今帝國主義已消滅，但大國仍舊藉由文化宣傳與經濟侵略，推行其統治世界的事業。兼併擴張是政治歷史的常勢，但是近代國際關係繁密而國際公約興盛，「國際社會」(International Community) 已經成為公認的最大政治舞臺；尤其國際相互承認主權的作法，使各國領土趨於定型而穩固，「天下一國」的可能性早已消失。

「世界一家」是出現於古代的人文理想，現代國際社會在形式上是世界一家的表現，但本質上這是一個「政局」而非「境界」，然而它在令人失望的同時，也可能使人省思大同的真諦。今人常以「國際」（國與國之間）一詞表示「世界」（全世界）之意——例如將「世界標準」說成「國際標準」——此種不當的用語習慣，反映了人們對「世界一家」的認同；20 世紀末期以來，「世界史」(World History) 的課題突然普

受重視與歡迎，這也暗示著同樣的思潮。不過，國際社會顯然無法進化為大同世界，即使聯合國鴻圖大展，世界大同的實現也遙遙無期，畢竟大同觀必須靠教育而非政治養成。

國際合作在政治以外的領域（如經濟、衛生、科技、學術等）較為成功，聯合國對於非政治性事務的規劃遠多於國際聯盟，這證明政治上的大同甚為不易，更遑論精神上的大同。在政治學中，「國際政治」的研究眾說紛紜，這也顯示國際關係的原則不一，世局難以長保穩定。

圖6　巴爾勒－赫爾托赫市 (Baarle-Hertog)──領土是確立國與國界線的基礎，也常是國際衝突的爭端所在。但位於荷蘭南部的城市巴爾勒－赫爾托赫卻十分有趣，如圖中的「十字線」的左側是比利時領土，右側卻是荷蘭領土。則正好位在線上的那扇門，到底是屬於哪一國所有呢？

國家觀念或民族主義使大同世界無法實現，顯然大同世界不是政治可以造就；世人所想像的「烏托邦」(Utopia) 多是小國寡民之局，這也表示理想國不可能是政治擴張的結果。大同世界本是一個思想境界而非政治環境，國際關係發展時，文化衝突又隨之而起，不論靠政治或文化力量，世界大同皆難以造就。當國際關係發展至「唇亡齒寒」、甚至是「玉石俱焚」的地步時，19 世紀以來西方的優勢頓時大失，從此世界一家變成政治的主張，「多元文化」大受肯定，寬容成為道德要點，一時之間「大同」似由「妥協」建立。

最具大同世界理想的政治企圖，是國際公法的推展，雖然國際法常被標舉為「文明國家」所認同的世界公約，但國際法的設定卻有支持現狀的傾向——例如維護各國的世界地位及其政權威嚴——這顯示國際法其實不能促成大同世界。國際法既然認定國家與法律的權威，其最高成就自然僅止於國際社會的合作，而不可能臻於太平一統的世道。在形式上，國際法建立的最主要來源是國際條約，這即證明國際法是世界性的社會契約，它的成果總是令人「雖不滿意但可以接受」。大部分國家在平時通常都遵守國際法行事，但守法只是一種道德的低標準，國際法庭 (International Court of Justice) 的成立，同時表現各國對世界大同的希望和絕望，因為司法對於正義的推展只有消極作用。事實上，訴諸國際法庭裁判的案例甚少，國際法庭一方面有不容上訴的權威，另一方面卻沒有強迫各國服從裁決的能力，可見國際力量未必強於國家力量，超越國家的政權仍不可能成立。

在政治學中，「國際政治」研究的主要課目是和戰問題，這表示世界和平的維持極其困難；《聯合國憲章》(*United Nations Charter*) 開宗明義說，聯合國之設立是為避免

圖 7　科索沃獨立戰爭 (Kosovo War)──科索沃人民亟欲脫離塞爾維亞，於 1998 年爆發獨立戰爭，2010 年經國際法院仲裁承認。但仲裁缺乏強制力，使塞爾維亞至今仍拒絕承認科索沃獨立。

國際大戰再起，其目標並不高遠，卻不易達成。「勢力均衡」(Balance of Power) 的國際關係至今仍是世界和平的一大保障，而勢力均衡不是人所能完全控制，所以戰爭的威脅無法預料。大同世界的文明意義是社會進化的完成，而世界一家的政局卻是因應人類生存危機所提出的呼籲，國際關係的改良甚有可為之處，但也頗多無奈之處。大同世界是文明發展的終極境地，而非為挽救文明困境所擘畫的政治格局，但是危機可能激發覺悟，現代國際關係所呈現的世界政治問題，可以使

人們對歷史趨勢有通盤的反省。

本書的概要

本書所欲呈現者，是近代國際關係發展的大勢及其危機，文分 8 大課題。首章為「國際關係的建構基礎」，這是關於國際關係議題的溯源探討，它解說國際關係興起的歷史背景、國際公約的形成、國際法的推行及其困境等三項問題，實為研究國際關係的觀念基礎。第二章為「國際組織與國際政府」，這是關於史上國際性政權的討論，包括近代國際組織的發展、國際聯盟與聯合國對國際政治的作用、國際政府的理想及其成敗等三子題，由此種政治結構的說明，現代國際關係發展的憑藉及限制均可以顯示。第三章為「近代國際關係演變的趨勢」，這是關於世界政治的歷史解釋，它說明民族國家體系的建立、帝國主義的外交政策、國際互賴與世界政局的變化等三事，將 500 年

來的國際政情以變化的脈絡清楚展示。第四章為「強權政治」，這是關於 19 世紀後期以來列強爭霸之情的論述，包含「列強」的出現與霸權的競爭、「美蘇冷戰」與世界政治的兩極化、20 世紀末期以來的國際爭霸等三部分，它以強國外交的事例展現世界政治的要義、或「弱國無外交」的實情。第五章為「小國的外交策略」，這是相對於前章的議題，討論傳統帝國擴張下的小國動向、「冷戰」時期「第三世界」的外交行動、當代強國與弱國的緊張關係等三問題，以世界政治中的「配角」表現，尤其以拉丁美洲為案例，驗證國際關係的主流趨勢。第六章為「世界戰爭的危機」，這是關於國際關係非常狀況的探討，處理民族主義的激盪，以及國際衝突的惡化、兩次世界大戰的關連性及破壞性、高科技武器發展與世界戰爭的危機等三大課題，它說明外交失敗可能導致的嚴重後果，並呈

現世界一體的政局隱憂。第七章為「和平運動與恐怖主義」，此文是與前章對比的論述，它解說近代和平運動的發展、恐怖主義的興起、和平主義與恐怖主義的關連等三問題，藉由和戰關係的微妙變化，當代國際政治的敏感與脆弱可見一斑。最後一章為「國際貿易與世界經濟的發展」，此題是最少政治因素的國際關係表現，它包含資本主義的世界化、國際貿易的興盛，以及跨國企業的發展、世界一體的經濟型態與國際關係的互動變化三項，呈現最為平常的國交行為，但也暗示強國以經濟實力擴展霸權的事實。

國際關係發展至今，霸權擴張的機會已不多，而世界和平的重要性則大增，這表示人類社會已經緊密結合，在相互依賴的世局中，沒有絕對勝利而傲視群倫的一方，合作是現代國家求生的原則。在這個情形下，學習國際關係應以促進世界大同為宗旨，畢竟國家只是個人生活的園地，世界才是人類探索的天地，當國際關係已成「牽一髮而動全身」時，小我自當認同大我，以貢獻文明。

1

國際關係的
建構基礎

文／王世宗

國際關係興起的歷史背景

國際關係的主要課題包括：外交制度與外交活動、國際公約或國際法、國際組織、國際貿易與國際交流等。國際關係的相關探討，可見於古代的史學著作，但是專業的國際關係研究遲至 20 世紀才出現，這表示國際關係的興起雖然甚早，其規模擴增卻甚為緩慢，而其定型更是晚近的事。國際關係的重點是如何維護世界和平，對此，有人強調國際公約與國際組織的重要性，有人強調國際政治中強國動向的影響力，以及由此所致的「勢力均衡」；前者重視的是原理原則，後者重視的是現實利害，然二者皆有其重要性而不可偏廢。在國際關係的研究中，傳統學者著重民族性或國格的表現，現代學者則企圖找出科學式的理論或運作模式，然而後者並不能完全取代前者。

國際關係的背景或基礎是「列國分立」之局，在古代「帝國壟斷」的政局中，只有小國對大國臣服的主從關係（例如朝貢），並無真正的國際關係，所以國際關係的興起是當大一統帝國瓦解而列國出現之時。此事在西方歷史上的呈現，即是羅馬帝國全面消失（東、西羅馬帝國俱亡）、而民族國家開始建立的變局，這大約是在 15、16 世紀的時候，亦即宗教改革之時。宗教改革包含的層面非常廣泛，遠遠超過宗教信仰的領域；現實的政治權力、經濟財政、司法權威等問題，是各地宗教領袖與諸侯王公推動宗教改革的重要考量。中古歐洲是一個教會至尊的社會，各地政權常受制於羅馬教廷，因而在近世的建國 (Nation-Building) 運動中，統治者為求伸張國家尊嚴與權力，必須釐清宗教事務在政治中的定位，並調整政府與教會之間的關係。事實上，中古後期以來政教衝突不斷，不僅神聖羅馬帝國對抗羅馬教廷，西歐

圖 1-1　慘烈的三十年戰爭——三十年戰爭有數十國參戰，總計造成 800 萬餘人傷亡，是 20 世紀兩次世界大戰前，規模最大的戰爭，亦是名副其實的歐洲世界大戰。

封建王國（如英國與法國）對教廷亦常抱持抗拒的態勢。宗教改革的原因極多，政教衝突是其中非常重要的一點，而政教衝突惡化的背景，正是民族國家開始建立。宗教改革乃至宗教戰爭，對於國家與宗教之間的關係，有一重大影響，它造成「一國一教」的趨勢，並使政府控制教會的力量大增；這個情況強化了每個國家的立國精神，促進民族國家的發展，使歐洲由一個「基督教世界」變成一個列國分立的「國際社會」(Family of Nations)。

17 世紀初，波希米亞 (Bohemia) 的捷克人和荷蘭人一樣改信卡爾文教，他們受到荷蘭獨立的激勵，也以宗教信仰為訴求，爭取脫離神聖羅馬帝國的統治。此舉引發了新舊教各國競相參與的歐洲大戰，是為「三十年戰爭」(The Thirty Years' War, 1618–1648)；此戰延續甚久，戰場廣大，參戰國眾多，其慘烈戰況激起了規範戰爭行為的呼籲。戰後的《西發里亞條約》(*Peace of*

Westphalia)，進一步促成新教的合法化、和歐洲列國的獨立地位，宗教寬容政策的興起開始改變國際政情。此後，歐洲的民族國家體系、外交制度、以及國際公約一一出現，以國家為單元所組成的國際社會愈加成形。事實上，三十年戰爭是西方最後一次的宗教大戰，其後歐洲的戰爭確實成為「政治的延伸」，只有為領土、經濟利益、或國家權力而戰，不再為宗教信仰而戰，國際關係的發展於是更為成熟或正常化。至 18 世紀，「國際關係」一詞開始為人使用，這顯示世界政治已經頗為活絡。

15 世紀以前，國際交涉並不多，

圖 1–2　維也納會議時的各國外交官會議──圖中來自數十個國家的外交官，是用什麼語言溝通？答案是法語，法語自 16 世紀起，便是歐陸通用的外交語言，但今日已被英語所取代。

此類事務在當時，是由臨時派遣的朝廷代表為之，或是由各地君主以通信方式進行。16 世紀中期以後，常設的駐外代表開始出現；至 17 世紀末，歐洲各國派駐使節於外地的作法，已極為普遍。但 19 世紀以前，外交制度尚不完善，公私不分的亂象也經常可見。1815 年，維也納會議 (Congress of Vienna) 結束後，西方的外交制度大為改進，國際交涉的方法趨於專業化或正規化，外交人員的政治地位提高不少，其所辦理的業務也擴大許多（乃至涉及文化與經濟）。在外交體系建立妥當以後，國際交涉更有原則可循，許多問題因此迎刃而解，於是「外交失敗」便成為極其嚴重的事，其後果常是戰爭。

國際公約的形成

國際公約或國際法是國際關係運行的準則，國際公約有些是出於長久的慣例（例如尊重來使），有些是出於世所公認的法律原理或標準、有些是出於重要的國際條約規定，其來源不一，而不盡然被所有國家認可。國際公約可分為三大類，一類是關於平時的國際關係，一類是關於戰時的國際關係，另一類是關於中立國的權利與責任。若以各國認可的情況而論，國際公約又可分為三類，一類是所有國家都接受的「普遍國際法」（Universal International Law，例如領空權），一類是多數國家接受的「一般國際法」（General International Law，例如領海範圍），一類是少數國家之間協議的「特殊國際法」（Particular International Law，例如貿易協定）。不論國際公約是否深受重視，世上並無一概否認國際公約的國家。

國際公約經常產生於重大的國際事務出現時，15、16 世紀新航路與新大陸的開拓，便是這樣的情形；當時由於海外擴張牽涉繁多的國際問題，協議公約乃成要務。

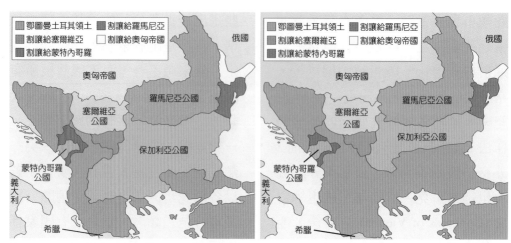

圖1-3　柏林會議前後的巴爾幹半島局勢變化──圖中可見，《聖斯泰法諾條約》讓保加利亞公國取得大量領土（左圖），但領土範圍在柏林會議後大為縮小（右圖），鄂圖曼土耳其得以保有君士坦丁堡以西的土地，但也埋下爆發兩次巴爾幹戰爭的遠因。

在 1494 年時，西班牙與葡萄牙簽訂《拖迪西拉斯條約》(*Treaty of Tordesillas*)，協定兩國瓜分南美洲領地的界線，但此議因為英國、法國與荷蘭的反抗而無法實現。由此可見，國際公約需要強大的國力加以支持，否則難以推行。與此類似的例子，還有 1877 年俄國與土耳其發生戰爭，次年俄國勝利，隨即兩國簽訂《聖斯泰法諾條約》(*Treaty of San Stefano*)，俄國取得甚多權利 ❶；

此約一公開，英國與奧國大加反對，在此種情勢下，俄國不得不同意以國際會議重新安排近東事務，於是乃有柏林會議 (Congress of Berlin) 的召開。此會的決議──即《柏林條約》(*Treaty of Berlin*)──取代了《聖斯泰法諾條約》，它使俄國的擴張受到相當的限制；這又說明國際公約須由國際社會決定，片面的國際協議難以推行於世。

　　國際公約若廣受擁護則成國際

公法，這並不是容易的事。國際法的建立是理性精神的表現，因為法律的源頭原為國家主權（故曰「國法」），超越國家主權的法律所以不易成立，乃是由於各國政府擔心國際法有害於國家權力；一套適用於國際社會的法律若得建立，有賴各國服從理性而捐棄私欲，甚至是捨利取義。即使如此，國際法自 17 世紀開始頗有進展，這是因為當時國際關係日趨頻繁，不得不有所規範以為交涉依據，何況國際法所設定者只是通則大法，並不干預一國內政，這使各方逐漸願意加以接納。1625 年，荷蘭學者格魯秀斯 (Hugo Grotius, 1583−1645) 出版《戰時與平時法律論》(*On the Law of War and Peace*) 一書，這是史上首部國際法著作。格魯秀斯的國際法概念來自傳統的「自然法」(Natural Law)，而其中許多具體的主張是取自《聖經》，或參考歷史教訓而得，富有人道主義精神。他的說法絕不是烏

圖 1-4　格魯秀斯

托邦式的觀點，而是專為節制戰爭暴行所提出的建議；他認為文明若要持續發展，則此種國際公約乃是必需，不然的話，各國都將受害。格魯秀斯並不致力於消滅戰爭，其努力是在於批判「不義的」戰事，

註解　❶ 鄂圖曼土耳其割讓高加索地區予俄國，並承認保加利亞獨立，俄國勢力擴張至中東歐地區，引起西歐列強恐慌。

並規範「合法的」戰爭行為，這個悲觀的態度顯示，國際法促進世界大同的效力其實甚為有限。格魯秀斯的《戰爭與平時法律論》(*De Jure Belli Ac Pacis*) 出版後，並無任一國家正式認可其中主張，但此書的建議——尤其是「各國主權平等」——在日後確實成為許多國際糾紛解決的根據。在格魯秀斯之後，法學家對於國際法的闡揚愈來愈多，然而國際法建構的主要依據乃是來自重大的國際條約，也就是現實經驗而非學術理論。大致而言，國際法普及於世的過程，是先從歐洲開始，然後擴及美洲，最終達到亞洲及非洲。簡言之，國際法的流行是伴隨「西化」而起。

近代國際公約的一大發展，是由維也納會議所造成。1814 年拿破崙帝國瓦解後，歐洲列強召開維也納會議，重整歐洲戰後政局。維也納會議的參與者包括了歐洲所有重要國家，除了戰勝的英、奧、普、俄諸國外，戰敗的法國也是與會者，因此它的代表性極高，不是戰勝國單方面主導的決議。維也納會議大致上恢復歐洲傳統的貴族政治，它重建舊邦，並以維護列國的勢力均衡為考量，調整部分國界。此會結束之後，列強為了防止革命運動再起，結盟鎮壓足以危及歐洲政局的動亂、乃至海外變亂，這個列強合作的外交行動稱為「歐洲協調」(Concert of Europe)，連法國都是其參與者。相對於此，美國總統門羅 (James Monroe, 1758–1831) 在1823 年發表「門羅主義」(Monroe Doctrine)，強力擁護美洲國家脫離殖民帝國而獨立的行動，並且要求歐洲列強不干涉美洲事務。國際公約須由國際勢力支持乃能有效，維也納會議後列強持續合作，方使各項協議得以推展；後來，英國的疏離以及美國在美洲霸權的強化，使得維也納會議所建立的「歐洲協調」難以為繼。

圖 1-5　清朝總理各國事務衙門──總理各國事務衙門的成立，標示著清廷已從傳統「天朝秩序觀」轉向為「國際外交體系」。

19 世紀後期，由於國際關係迅速增進，國際協商遽增，因此國際公約大量出現。「新帝國主義」期間 (New Imperialism, 1871–1914)，西方國家為「師出有名」，常以他國不守國際公法、國際條約或商業貿易協定為由，而開啟戰爭，事後又強迫戰敗國依上述原則進行改造──例如中國之設立外交部門、土耳其之西化改革、埃及之經濟重整──以此一個西方國家眼中合理、平等且一致的世界秩序，便慢慢形成。然而在一次大戰期間，各國遵守國際公約的情況極不符理想，國

際法的地位深受打擊，此種狀況又於二次大戰期間出現，其形勢且愈演愈烈。二次大戰之後，國際問題叢生而亟待解決，因此國際法的重要性大增，其執行與推展既迫切且廣泛，這使國際法的規模大為增進。

國際法的推行及其困境

國際公約即是國際法，因為國際公約的約束力並不像一個國家的法律那麼強大，所以許多人認為國際「公約」稱不上「法」，但又有許多人希望將這樣的公約切實推行於世，故稱之為國際法，以強調它的權威性。有些國家的政府自動將國際法納入其國法，但更多國家主張國際法不得干涉一國之內政，所以國際法未必可以通行於全世界。既然國際法的地位，未能獲得所有國家共同的肯定，它的推行勢必就有不少的困難。國際法的推行常需強國，或多數國家的支持乃能順利，而其極端的手段是訴諸戰爭，平常

的作法則是集體制裁，但這些作法都不太成功。

　　一次大戰結束後，各國召開巴黎和會 (Paris Peace Conference, 1919)，但因列強立場不一，戰後和約成為一個問題重重而難以推行的決議。其中對德條約過於苛刻的問題，不僅使德國不服，也使戰勝國難以堅定而一致地執行原議，這造成國際公約的權威性甚受質疑。此外，對奧條約規定奧國與德國不得合併，這個作法實在違反民族自決的原則，但它是為了避免德國的壯大而設定，也就是出於維護歐洲列強勢力均衡的考量，頗令局外者不以為然。更不幸的是，戰後法國與德國的對立關係一直無法化解，而英國則無力調解，歐洲列強竟沒有解決其國際紛爭的能力；同時美國深感參戰是一大失策，它未批准《凡爾賽和約》(Treaty of Versailles, 1919)，也未參加國際聯盟，由於美國對戰後和約的執行不甚關心，幾乎前功盡棄，國際局勢乃更形混亂。

　　1918 年初，美國總統威爾遜 (Woodrow Wilson, 1856–1924) 提出有名的「十四點計畫」（又稱「十四點原則」，Fourteen Points），後來確實成為戰後和約的規定。十四點計畫中有幾項是施行於全世界的國際公約，而不限於參戰國的處置問題，此即（一）公開外交（公開的協約應公開達成），（二）公海航行自

圖 1–6　美國總統威爾遜

8 個你不可不知的國際關係議題

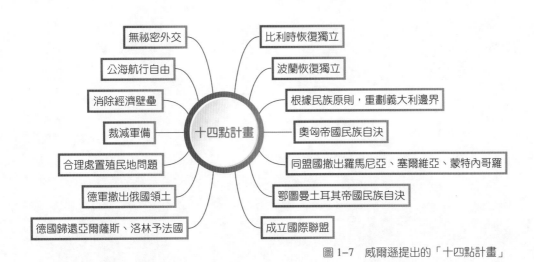

図 1-7 威爾遜提出的「十四點計畫」

由（除非是為執行國際協議而以國際行動封鎖者），（三）消除經濟壁壘（推行自由貿易），（四）裁減軍備（至最低的國防安全需求），（五）合理處置殖民地問題，（六）建立一國際組織，以確保所有國家的政治獨立與領土完整。這幾項規定雖獲各界肯定，但其實現或執行並不徹底，例如（一）公開締約的主張，在巴黎和會中即已不為各國所重，巴黎和會其實由英、法、美三國領袖所專擅，不是公開公正的協商（祕密外交仍然盛行）；（二）公海自由

的主張因為英國反對，以致未能設為國際公約或有效執行；（三）消除經濟壁壘的主張，在戰後的政治安排之下，無法改善實情，反而使之惡化；（四）裁減軍備的問題，其執行結果是戰敗國裁軍，而戰勝國無損，後來各國皆大肆擴軍；（五）殖民地問題的處理情況是，戰後德國的海外殖民地被英、法兩國瓜分，並不公道；（六）成立國際組織以確保世界和平一點，其結果是「國際聯盟」成立，但美國本身並未參加，而此組織的成效也遠不如預期。事

圖1-8　紐倫堡大審 (Nuremberg trails)──由英、美等國法官組成的軍事法庭，審理納粹德國高層所犯下的戰爭責任，尤其是大規模屠殺猶太人的罪行。

實顯示，十四點計畫中的小事大約都能實現，但其最重要的主張皆難以落實，這與列強的利益衝突顯然息息相關。

　　一個國家是否接受國際公約，常以自身權益是否因此獲得保障而定，所以在戰爭期間，國際公約備受忽視，因為各國在戰時總是不擇手段求勝，並且認為此時遵守國際公約，極可能使自身陷於劣勢或危境。例如日本在 1941 年偷襲美國珍

珠港，這是不宣而戰的行動，根本無視於國際公約的存在。又如德國在二次大戰期間殺害數百萬猶太人，並且逼迫他國人民成為奴工，以支援德國戰備，這都是罔顧人道的戰時罪行。不過二次大戰後，各國關於戰犯的處理，雖有許多違背國際公約之處（例如蘇聯遲遲不遣返戰犯），卻較過去更為合理，這可視為國際公約推行的良效。二次大戰後，對於德國與日本的戰犯審判及

懲治，是實行國際法的一大示範，這表示違反國際法可能受到國際社會嚴厲的處罰；但是此舉也招致某些法學家評為「違法」，因為他們並不認為審判戰敗國的軍事領袖是合理之事，甚至以為國際公約不是真正的法律、或是有真正公正的執行者。

1920 年底，國際聯盟成立「國際常設法庭」(Permanent Court of International Justice)——俗稱「世界法庭」(World Court)——以為仲裁國際糾紛之用，但其效果並不顯著。例如 1931 年日本侵略中國東北的九一八事件，其舉雖被國際聯盟判定為違背國際法，但日本隨即退出國際聯盟而繼續其軍事行動。國際聯盟對此無力制裁，使得國際法的威嚴大挫，4 年之後（1935 年）乃又有義大利侵略衣索比亞一事。在二次大戰後，聯合國成為一個推行國際法的強大機構，其「安全理事會」(Security Council) 負責維護世界和平，有制裁侵犯者之權。1950 年，北韓入侵南韓，聯合國於是派出聯軍協助南韓反擊，終於恢復朝鮮半島的安定。此事是史上國際組織首度以武力制止侵略的例子，頗富有捍衛國際公約權威的象徵意義。

1945 年，聯合國設立「國際法庭」(International Court of Justice)——俗稱亦為「世界法庭」——以取代「國際常設法庭」，專門審理會員國所交付的爭端裁判，庭址設於荷蘭海牙 (The Hague)，它的精神是在於推展國際公約。然而事實上，國際法庭不能強制或主動施行仲裁，且各國訴求國際法庭裁判的案件甚少，國際法庭的功效其實不大。國際法庭的裁決若損及一國權益，則該國服從此裁決的可能性並不高；而當某國不接受裁決時，國際法庭也無法迫其遵守。顯然，國法的實際權威高於國際法，世界性的公道至今仍難以建立。可歎者，何為國際法，如今仍多有爭議。1947 年，聯合國

成立「國際法委員會」(International Law Commission)，它企圖編輯一部舉世公認且完整的國際法，但其過程極不順利，共識遲遲無法出現；另一方面，美、蘇冷戰期間，兩國關於限制武器開發及使用的協商，因為各方倚重而富有國際公約的實效。由此可見，國際法的成敗關鍵是在於「力」而不在於「理」，這是政治問題中常有的現象；國際法的道德意義若不能為世人所共遵，則其實行只能靠國際政府推動，但國際政府並無可能確實建立，所以國際法始終難以徹底落實。

我 思 ╳ 我 想

1 ▶ 國際關係為何是近代歷史的特色，而非自古即有的大事？

2 ▶ 國際公約形成的政治歷史背景為何？

3 ▶ 國際法推行的困難主要為何？

2

國際組織與
國際政府

文／王文隆

前　言

　　國際事務不外乎爭端處理、國際和平、國際合作、增進福祉等項，國際組織的出現，是為了處理上述各項事務而存在，而國際政府的理想是為了使國際事務得以順利推展，以維護國際秩序，三者間關聯緊密。

　　隨著國際社會成員的增加，以及受惠於科技演進造就的各項便利與迅捷，國際間更需要加強彼此之間的溝通與合作，使得近乎「消失的國界」能有一套可依循的規律與秩序，國際組織的需求於焉產生。國際政府則是在各國之上，另有超過國界與區域組織的集合體，藉著各國遵循的一般國際法原則，或是憑藉國際組織所設制度，以合議制或是共識決，管治、規範各國。因而即便主權國家有對內行政之最高權力，但透過國際組織的居間協調，方能保障國際秩序的穩定。國際間的每一個成員都是獨立個體，要限縮其自由，必得有相當高的共識才能達到，這也使得國際政府的理想必得含括「集體安全」的設計才能達成，也就是說，每一個成員都必須履行對國際社會的權利、義務、責任或道義，如有成員違犯共識，其餘成員便有加以勸說、參與制裁的義務，推促國際秩序恢復，否則或有國際衝突的風險，進而影響人類發展。

　　現在運行的國際組織，以職權而論，可分為以下三類：

　　有的國際組織處理全球事務，凡是涉及兩國以上或是多國者，無所不包，其成員國並無區域限制，只要是符合該組織章程所規範之成員或是政治實體，均得申請參與，是為普遍性的國際組織。如一次大戰結束後成立的國際聯盟，或是二次大戰結束後成立的聯合國，都屬此類。有些國際組織雖為一般性組織，但卻有區域限制，如美洲國家組織 (Organization of American States,

圖 2-1　1966 年東南亞公約組織於馬尼拉召開大會——圖中左三為南韓總統朴正熙（1917–1979，南韓前總統朴槿惠之父）、中央白衣者為菲律賓總統馬可仕 (Ferdinand Marcos, 1917–1989)、右三為南越總統阮文紹 (1923–2001)，他們都受到美國支持。該組織成立目的是圍堵共產主義擴張，因此得到美國的支持，但終究未能阻止越南、柬埔寨、寮國等中南半島國家赤化。

OAS)、東南亞公約組織 (Southeast Asia Treaty Organization, SEATO) 等。有些國際組織雖沒有區域限制，但僅關注於某項特定議題或項目，如石油輸出國組織 (Organization of the Petroleum Exporting Countries, OPEC)、國際勞工組織 (International Labour Organization, ILO) 等。

　　一般而論，國際組織的創設須由參與各方訂定章程或簽署約款，以和平為基本原則處理議題或爭端，會議多採多數決，少數國際組織在投票時設有權重，其運作經費由成員分攤，對於違反共識的成員得以停權、制裁或是驅逐。國際組織的成員，多以主權國家為限，但為了使非主權國家也能參與，亦有允許以國家或地區參與的國際組織，如世界貿易組織 (World Trade Organization, WTO)、國際奧

林匹克委員會 (International Olympic Committee, IOC) 等。

　　國際組織是實踐國際政府理想的渠道，也是國際社會彼此聯繫溝通的平臺，雖說人類文明源自數千年前，但透過國際組織規範國際社會，卻是要到近代之後才有雛型。

近代國際組織的發展

　　1648 年《西發里亞條約》所訂規範，賦予國家主權與外交自主權，擺脫羅馬教皇的政教控制，是為現

圖 2-2　日本農民上街反對政府降低農產品進口關稅——WTO 要求會員國間消弭關稅壁壘以促進自由貿易，但容易讓外國廉價農產品大量進口，進而影響本國農民生計。

代國家與國際關係起源。伴隨著國際關係的發展，各國間合縱連橫所帶來的外交問題接踵而來，包括條約的建立與撤廢、跨國的協商與往來、爭端的調解與處置、戰爭的進行與結束等，除了國與國間透過使節進行雙邊協商外，亦有舉行國際會議進行多邊協商的需求，爾後演變為經常性的國際會議，進而有建立常設國際組織以處理跨國事務的必要。

第一個全球性國際常設組織，是 1863 年由美國倡議的萬國郵政大會 (International Postal Committee)，其目的是為了解決郵遞談判必須不斷透過雙邊協商的麻煩，便以定期會議的方式，邀集各國代表一同開會協商，訂立跨國郵件的郵寄規範，簡化繁複的跨國郵件處理流程。爾後該大會於 1874 年 10 月更名為郵政總聯盟 (General Postal Union)，通過《伯爾尼條約》(*Treaty of Bern*)，復於 1878 年更名為萬國郵政聯盟

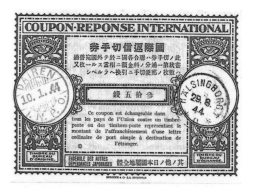

圖 2-3　國際回郵券——本券能讓國際郵件的收件者用優惠郵資，將信寄回給寄件者。如圖中，寄件者從日本購得本卷，再從新加坡寄出，待大連的收件者收到後，可再用本卷回寄。

(Universal Postal Union)，迄今未變。第二個全球性國際組織是 1865 年 5 月在巴黎成立的國際電報聯盟 (International Telegraph Union)，這是因應 1830 年代末期電報的發明，以及其後長途電報運作的需求，設置目的是為了分配無線電資源，以及規範各成員國的電報拍發標準。由此可知，國際組織的建立，最原始目的即是為了「溝通」。

這個「溝通」或許有兩種層面的意義，其一是在科技並不是相當發達的條件下，為了磋商或是整合

不同國家的意見，建立常設機構，由各國派駐代表集中討論，如此能更容易達成共識，增益工作效率，在短期內達成多方溝通的目標。其二是早期國際組織的建立，其目的在於處理跨國通訊問題，例如解決傳統郵遞的障礙，或是解決電報這個新科技所帶來的難題。

除了因應科技演進而組成的國際組織，亦有因應新科技應用於武裝衝突，引發人道需求而建立的國際組織。國際社會並非永遠承平，難免會有劍拔弩張的局面。以國際法的慣例，是允許兩國以上國家，在沒有任何轉圜餘地時，以武力解決彼此爭端，是為「訴諸戰爭權」(Jus ad bellum)。瑞士商人杜南 (Jean Henri Dunant, 1828–1910) 在 1859 年目睹索爾費里諾戰爭 (Battle of Solferino)，❶眼見法、奧、義三國軍隊混戰，但戰場上傷殘嚴重的士兵卻乏人醫護與照料，觸發了他創設非政府醫護機構以搶救傷兵的念頭，獲得各方響應，於 1863 年創立了國際紅十字會 (International Committee of the Red Cross, ICRC)，成為全球第一個非政府國際組織 (Non-Governmental Organization, NGO)。

然而，隨著科技持續進步，武器也不斷開發，包括化學毒氣、馬克沁機關槍等殺傷力愈發強大的新

圖 2-4　國際紅十字會創辦人杜南

圖 2-5 救濟阿富汗水災的國際紅十字會——這場發生在 2014 年 5 月的洪水，阿富汗受災人數達 14 萬人，國際紅十字會動員人力、物力，投入救濟。

式武器，還有應用於戰爭的飛艇，戰場由海陸延伸到空中，使得戰爭傷亡也隨之擴大。有鑑於衝突規模、人員傷亡愈來愈大，國際間開始構思如何處理衝突及其衍生的問題。除了透過大國協商與國際會議外，亦有增修國際公法、訂立國際公約，共同承擔國際義務等方式，試圖推動國際仲裁與國際裁軍，以減低武裝衝突對人類的傷害。其中最具代表性的，要屬兩度在荷蘭海牙召開的保和會 (Hague Conventions 1899 and 1907)。

第一次保和會是由俄國沙皇尼古拉二世 (Nicholas II of Russia,

註 ❶ 索爾費里諾戰爭發生於 1859 年 6 月，
解 由薩丁尼亞王國、法國第二帝國組成聯軍對抗奧地利帝國，後由拿破崙三世 (Napoleon III, 1808–1873) 所指揮的聯軍獲勝，並大幅推進義大利的統一進程。整場戰爭總計超過 4 萬人傷亡，是一次大戰前最慘烈的大規模戰爭。

1868–1918) 於 1898 年 8 月呼籲各國召開。該會議於荷蘭海牙進行，會期自 1899 年 5 月中旬到同年 6 月底，英、法、美、日、俄等 26 國代表出席，清帝國亦派代表參加。此次保和會中，雖未在限制軍備擴張上達成任何共識，但在處理國際爭端與戰爭文明化兩事稍有進展，不僅簽署了陸戰與海戰協議，如禁止在戰場上散布毒氣、虐待戰俘，或是以空飄汽球投擲炸彈。同時基於各國共識，通過了《海牙和平解決國際爭端公約》(*Convention for the Pacific Settlement of International Disputes*)，另於 1900 年在海牙成立國際常設法庭。

第二次保和會由美國總統老羅斯福 (Theodore Roosevelt, 1858–1919) 倡議，於 1907 年召開，地點同樣在荷蘭海牙，會中擴大了海戰中商船、戰艦的規範，如商船改裝成軍艦時，船身須有明確標示，而戰艦禁止砲擊不設防的民用港口，並明訂中立國的權利與義務。此次參與國家較第一次保和會為多，達 44 國，使得各項規範的適用範圍更加擴大。因為第一次保和會並非所有主權國家參與，使得許多國家無法表達意見。但第二次保和會中，主權國家率皆參加，參與國家無論大小、強弱一律平等，一國一票，奠定往後諸多國際組織運作的基礎。

雖然參與保和會的國家，在這場會議中簽署了不少公約，但一次大戰仍在 1914 年爆發。一次大戰是首度規模擴及全球的戰爭，反映工

圖 2-6　荷蘭海牙和平宮——國際法庭、常設國際仲裁法院均坐落此處，使荷蘭海牙得到「國際法之都」稱號。

圖 2-7　瑞士萬國宮——1929 年至 1938 年間為國際聯盟總部所在地，今日為聯合國駐歐洲總部位址。

業革命後的工業化成果並未用於造福人群，反而用於消滅敵手，戰爭殺戮與破壞更甚以往。有鑑於此，美國總統威爾遜在 1918 年 1 月發表「十四點計畫」，呼籲成立國際組織，在爾後的《凡爾賽和約》中，國際聯盟於焉產生，而附屬於國際聯盟的國際組織，還有國際勞工組織，以及海牙的國際常設法庭。

國際聯盟與聯合國對國際政治的作用

國際聯盟的組織架構

　　依據《凡爾賽和約》建立的國際聯盟，締造了往後國際政府的基本結構。國際聯盟以《國際聯盟盟約》(*Covenant of the League of Nations*) 為基礎，核心機構為全體會員國參加的大會 (Assembly)、由少數國家參與的理事會 (Council)，以及負責行政庶務的祕書處 (Permanent Secretariat)。1920 年 1 月，國際聯盟第一次理事會在巴黎召開，同年 11 月，在日內瓦設立總部。成立伊始，由英、法、義、日四國擔任常任理事國，搭配其餘 4 個非常任理事國組成理事會，但依循保和會的慣例，理事會中各國權力平等，一國一票。在國際聯盟之下還有其他專門機構，例如裁軍委員會 (Disarmament Commission)、國際文化合作委

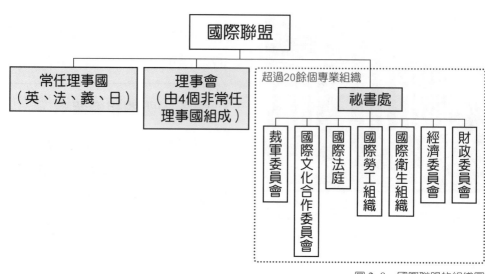

圖 2-8　國際聯盟的組織圖

員會 (International Committee on Intellectual Cooperation) 等。而同樣依據《凡爾賽和約》成立的國際法庭、國際勞工組織，雖然名義上歸國際聯盟節制，但實際上具有一部分自主權，這樣的組織架構，為二次大戰後成立的聯合國奠下基礎。

▌國際聯盟的運作成果

　　國際聯盟是源自 18 世紀中葉的國際集體安全概念，以及依循 20 世紀初保和會運動的產物，受理與公斷國際爭端，然而其規範中並未明白禁止以戰爭作為解決問題之手段，只是以將爭端提交公斷，理事會提出報告後的 3 個月內禁止戰爭等方法，提高各國發動戰爭的難度，然仍無法徹底排除戰爭作為處理國際爭端的選項。此外國際聯盟並未設置受其控制的常備武力，且美國竟因國會反對而未加入國際聯盟，使得國際聯盟維護世界和平的能力不

盡理想，讓國際間不斷額外設法補救。1921 年 12 月起，各國在華盛頓召開一連串會議，議定與平衡各國軍備比例，同時提出裁軍的遠景。1925 年《羅加諾互相保障條約》(*Locarno Treaty of Mutual Guarantee*) 中，由德、比、法三國承諾以和平方式解決爭端，各締約國也同意不得以侵犯、進攻或訴諸戰爭等方式來解決爭端。接著 1927 年 9 月國際聯盟第八次大會決議，戰爭被視為國際犯罪，不能再作為解決國際爭端的工具。1928 年第六屆泛美大會 (Pan-American Conference) 的

決議中，也明確禁止侵略戰爭。在此國際氣氛下，1928 年美、法兩國外交首長共同草擬一份賦予戰爭負面意涵的《非戰公約》(*General Treaty for Renunciation of War as an Instrument of National Policy*)，希望各簽約國能允諾，不再以戰爭為解決爭端的辦法。爾後該公約共有 64 國簽署，於 1929 年 7 月 24 日起生效。

雖然國際間對武裝衝突的限制愈來愈多，但是 1929 年起蔓延全球的經濟大恐慌（Great Depression，又稱「經濟大蕭條」），卻使武備擴張成為各強國挽救經濟衰頹的手段。而國際聯盟自 1920 年代起，曾解決幾件小規模邊境、領土爭議 ❷，但應對規模較大的武裝衝突時，便顯得無能為力。例如 1931 年 9 月，日本關東軍發動九一八事變，迅速

圖 2-9　國聯考察團——日本聲稱九一八事變為「回應中國軍隊挑釁的自衛行為」，但這一說法為考察團所否定。

註
解　❷ 較重大的事件，如和平解決瑞典、芬蘭在波羅的海的島嶼所有權爭端；或是調停南美洲的戰爭衝突。

圖 2-10　衣索比亞戰爭中的黑人軍團——義大利入侵衣國後，利用族群間的矛盾，訓練一批批黑人軍團投入戰鬥。義大利最終成功征服衣國，但卻付出近 6 萬人傷亡的代價。

占領中國東北全境，再於翌年扶植滿洲國成立，南京國民政府提請國際聯盟主持公道。國際聯盟在派遣考察團調查後，得出日本身為國際聯盟常任理事國，卻違反國際法侵略中國，而滿洲國是受日本控制的傀儡政權。可是按理說，國際聯盟能據此要求各會員國對日本進行經濟制裁，但各國因不願影響經濟發展，且美國非國際聯盟會員國而未

中斷美日貿易，因此制裁之舉並未實現。但日本還是對報告相當不滿，不僅不願接受，更於 1933 年退出國際聯盟，從此在國際間獨斷獨行。導致中、日兩國於 1937 年盧溝橋事變後爆發全面戰爭，但國際聯盟一點辦法都沒有，威信盡失。

除了亞洲地區的衝突外，國際聯盟應對其他地區的衝突時，也顯得無計可施。1935 年 11 月，同為國際聯盟常任理事國的義大利，藉口邊界衝突而出兵衣索比亞，衣索比亞皇帝被迫流亡海外，宣告衣索比亞喪失獨立地位。國際聯盟雖譴責義大利的行為，並要求會員國發動經濟制裁，但各會員國的配合度相當有限，效果不彰。更嚴重的衝突發生在 1939 年，蘇聯與德國瓜分波蘭，正式開啟二次大戰的歐洲戰場，但是國際聯盟未能做出任何有效處置，使得戰爭規模不斷擴大，終至一發不可收拾。

雖國際聯盟在維護世界和平上並無顯著成績，但其所屬的專門機構卻為日後相關議題奠定發展基礎。如國際法庭雖是由各會員國指派代表組織，但法院、法官必須排除「己國之私」，依國際法之慣例與原則進行裁判。國際勞工組織的成立，源於社會正義 (Social Justice) 的追求，認為此舉能推進世界和平，提升勞工生活，增進社會安定。因而在國際勞工組織的努力下，大多數工業國家已開始重視勞工工時，推動一日工作 8 小時，一週工作 48 小時的規範，勞工超時工作，雇主需支付加班費，此規範仍影響至今。

▎聯合國的誕生與運作

國際聯盟捍衛和平的成效不彰，甚至是身為常任理事國的日、義兩國，居然成為發動侵略的國家，並在事發未久即退出國際聯盟，使得有部分國家開始另闢蹊徑處理國際糾紛、弭平國際衝突。此議題最早可回溯至 1941 年 8 月，美國總

統小羅斯福 (F. D. Roosevelt, 1882–1945) 與英國首相邱吉爾 (Winston Churchill, 1874–1965) 在《大西洋憲章》(*Atlantic Charter*) 中提出「建立一個廣泛而永久的普遍安全制度」的願景。同年 12 月 8 日，美國因日本偷襲珍珠港而對日宣戰，加入同盟國陣營，到了 1941 年年底，已有 26 國對軸心國陣營（日、德、義等國）宣戰。他們在 1942 年元旦，於美國華盛頓特區發表《聯合國宣言》(*Declaration by the United Nations*)，由中、美、英、蘇四國代表領銜簽署，其餘 22 國陸續簽字，承諾彼此在對軸心國作戰期間，絕不單獨停戰媾和。此時，「聯合國」僅是同盟集團的名稱，還不是一個正式的國際組織。

1943 年 10 月，英、美、蘇三國代表在莫斯科集會，簽署了《莫斯科宣言》(*Moscow Declaration on General Security*)，爾後中國由駐蘇聯大使傅秉常 (1895–1965) 簽署，成為四國宣言。該宣言表明，將儘速建立一個普遍性的國際組織，以維持國際和平與安全，並揭櫫普遍性原則，凡是愛好和平的國家都能加入，且彼此主權平等。1944 年 8 月，各國在美國舉行了敦巴頓橡園會議 (Dumbarton Oaks Conference)，討論

圖 2–11　同盟國的戰時宣傳海報──圖中可見 26 國國旗，而中華民國國旗也居其中。

聯合國組織的相關事項，美國在會議中提出安全理事會中應設置常任理事國的建議，並設計常任理事國具有否決權的權力，可以在安理會中否決任何提案。1945 年 4 月召開的舊金山會議，與會國除了簽署《聯合國宣言》的 47 國中，波蘭臨時政府因尚未組成而未及參加外，大會還邀請了阿根廷、烏克蘭、白俄羅斯與丹麥四國的代表由大會邀請出席，共有 51 國代表團與會。會議中

逐漸落實歷年來凝聚的共識，通過了《聯合國憲章》作為組織聯合國的最基本規範，此參與的 51 國便成為聯合國創始會員國。而國際聯盟亦於同年 4 月解散，由聯合國繼承原本國際聯盟所負責的國際事務，並額外增加更多的工作項目。

聯合國在架構上有六大組織（請參閱表 1），其中聯合國有鑑於 1930 年代經濟大恐慌造成軍國主義興起，進而導致二次大戰爆發，因

表 1　聯合國六大主要組織

組織	任務或功能
聯合國大會 (General Assembly)	由全體會員國組成，底下設有國際安全、社會文化等 6 個專門委員會
安全理事會 (Security Council)	維持國際安全與和平任務，為聯合國最重要的權力核心
祕書處 (Secretariat)	負責聯合國一般工作及行政庶務
經濟暨社會理事會 (Economic and Social Council)	推動國際經濟貿易發展
國際法庭 (International Court of Justice)	負責審理主權國家間的民事司法案件
託管理事會 (Trusteeship Council)	管理殖民地或具爭議性之領土 ※1994 年起，因無託管地而暫停運作

此認為經濟發展是集體安全的重要基石，而設立了經濟暨社會理事會，反映聯合國較國際聯盟更加重視經濟開發議題。

聯合國創立之初，大會之下還有其他組織負責各項專門業務，除了前面提及的國際勞工組織、國際電報聯盟與萬國郵政聯盟外，整理為表 2。聯合國在《聯合國憲章》第一條中清楚宣示四大宗旨，如維持國際和平與安全、發展國際友好關係、促進國際合作，以及成為一個協調各國行動的中心。除了創始會員國之外，其他主權國家如欲參與聯合國，須經申請，由大會經安理會推薦、核准後方得加入。聯合國所需的運作經費，由各成員國依照經濟發展程度高低攤派。聯合國也鑑於國際聯盟維護和平成效不佳的根本原因，在於缺乏用於威嚇或維持秩序的武裝，因而由各會員國組織維和部隊 (United Nations Peacekeeping Force)，以監督與維護國際和平。

然而，二次大戰甫一落幕，緊接著是美、蘇兩強對峙的冷戰，雖未衍生出大規模全面戰爭，但也在各洲造成區域緊張或衝突。如 1945 年底爆發國共內戰、1948 年 6 月發生柏林封鎖、1950 年 6 月爆發韓戰，以及 1955 年 11 月爆發越戰、1962 年的古巴飛彈危機等，都使得國際和平難以實現。即使冷戰結束，但繼而興起的區域衝突，以及蔓延全球的恐怖行動，持續威脅著世界安全與和平。

在這個如同「地球村」(Global Village) 的國際社會中，各國不僅往來愈加密切，聯合國大會中討論的議題也更加多元。作為溝通平臺的聯合國，使各會員國能在此參與討論、決策與投票，以表達各國立場。時至今日，聯合國已有 193 個會員國，僅梵諦岡與有主權爭議的領土無法參與，亦有其他國際組織受邀為觀察員參與會議。

表 2　聯合國之下的主要專門組織

組織	任務或功能
國際教科文組織 (UNESCO)	推動知識發展與文化資產保護
國際糧農組織 (FAO)	應對糧食供應與安全
國際農業發展基金會 (IFAD)	提供糧食生產與農業發展所需的金融貸款
國際民航組織 (ICAO)	航空安全、發展與規範
國際海事組織 (IMO)	促進航海安全、防止海洋汙染
國際貨幣基金組織 (IMF)	監察各國貨幣匯率及貿易情況
國際原子能委員會 (IAEA)	推動核能和平運用
世界智慧財產權組織 (WIPO)	保障智慧財產權
世界糧食計畫署 (WFP)	推展人道救援
世界氣象組織 (WMO)	促進各國在氣象觀測的研究與合作
世界旅遊組織 (UNWTO)	促進與發展旅遊事業以推動經濟發展
世界銀行 (WBG)	提供各國重建與紓困貸款
世界衛生組織 (WHO)	公共衛生及人類健康
兒童基金會 (UNICEF)	開發中國家母嬰急難援助
善後救濟總署 (UNRRA)	負責戰後重建工作、難民救濟，1950 年改組為國際難民署 (UNHCR)
聯合國工業發展組織 (UNIDO)	促進開發中、產業轉型國家經濟與工業發展

還有哪些重要國際組織？

經貿合作組織

　　雖國際聯盟、聯合國能作為各國參與國際政治的一條渠道，然而國際間的互動往來，並非僅有國際聯盟或聯合國為溝通平臺，如國際貿易便是一例。1947 年 10 月即二次大戰結束後，各國為了減少關稅壁壘、推進自由貿易，以美國為首的 23 國簽署《關稅暨貿易總協定》(*General Agreement on Tariffs and Trade, GATT*)，以多國代表集會談判的方式，提升貿易透明度與降低貿易摩擦，讓各國經濟相互依賴，以促進協調合作、推展經濟開發，增進人類生活的品質與幸福，進而維護世界和平。該協定於 1995 年轉型為世界貿易組織後，並未排除非

圖 2–12　正在演習的維和部隊軍人──各會員國須派出一定比例的軍人加入維和部隊，戴上有「UN」字樣的藍頭盔，並遵循聯合國軍事指揮官的指揮。

主權國家參與，如主權回歸中共的香港與澳門也都是會員國，而中華民國則依據實際控制範圍，以「臺澎金馬個別關稅領域」(The Separate Customs Territory of Taiwan, Penghu, Kinmen and Matsu) 的名稱加入。世界貿易組織目前有 164 個成員，涵蓋了世界上絕大多數的貿易額，可以說是當前最重要的國際貿易談判與溝通平臺。

體育、環境保護組織

體育競技方面，有最重要的半官方國際組織 ── 國際奧林匹克

圖2-13　1980 年蘇聯夏季奧運會──奧運會不只是運動員間的競技，各國也在為了總獎牌數而較量著，是變相的「體育外交」。其中，1980 年蘇聯奧運是首度舉辦於社會主義國家的奧運會，但由於蘇聯在 1979 年入侵阿富汗，導至美、日等國拒絕參加，該屆奧運僅有 80 國參加。

委員會，以鼓勵跨國體育活動和競技為宗旨，負責 4 年一度的夏季、冬季、青年與殘疾人士奧運會（Paralympic Games，又稱帕運會），都是最重要的國際體育競賽。自 1896 年起，奧運會除了曾在兩次世界大戰期間停辦外，從未漏辦。各城市以爭取主辦權為榮，不僅促進國家投入經費以提升該城市基礎建設，也能增進主辦城市的國際知名度，同時帶來豐富的觀光收益。

然而在各國努力推展工業化期間，常為了經濟開發而忽略環境保護，因而跨國的非政府國際環保團體也應運而生，例如當前最活躍的綠色和平組織 (Green Peace)，它們反對核子試驗、捕獵鯨魚等破壞生態環境行為，以及非自然手段影響基因的基因改造食品等，不惜以行動阻撓、破壞以達成目的。

區域性合作組織

除了全球性的商務、競技與環保組織外，亦有區域性的國際組織。如基於 1993 年生效的《馬斯垂克條約》(*Maastricht Treaty*) 而成立的歐洲聯盟 (European Union)。這是二次大戰結束後，自歐洲煤鋼共同體 (European Coal and Steel Community)、歐洲共同體 (European Community)、《申根協定》(Schengen Agreement) 等發展而成的經濟合作體，總部設於布魯塞爾，發行歐元為貨幣。類似的區域經濟整合，還有亞洲太平洋經濟合作組織 (Asia-Pacific Economic Cooperation, APEC)、美洲國家組織 (Organization of American States)、東南亞國家協會 (Association of Southeast Asian Nations)、非洲聯盟 (African Union) 等。經濟組織除了區域性的，亦有以產業區隔成立的，如 1960 年在伊拉克創立的石油輸出國組織 (Organization of the Petroleum Exporting Countries, OPEC)，其成員涵蓋大部分產油國，負責協調各成

員國石油開採總量與分配，對國際油價有關鍵性影響。

也有因相同歷史背景而組建的國際組織，如曾為英國殖民地的地區，在取得獨立地位後，仍與英國維持緊密關聯，所以女王伊莉莎白二世 (Queen Elizabeth II, 1926–) 不僅是英國元首，還是澳洲、加拿大等 15 國名義上的元首，由 53 個會員國組成 (Commonwealth of Nations)。與此相似的還有法語國家組織 (International Organisation de la Francophonie)、葡語國家共同體 (Community of Portuguese Language Countries)，都是殖民體系瓦解後的產物。

區域安全組織

也有區域組織涉及地區集體安全維護，接納位於同一地理位置的國家加入，使其能因相近利益、相似利害，共同協作。如冷戰期間，以美國為首在西歐組建封堵共產勢力擴張的北大西洋公約組織 (North Atlantic Treaty Organization, NATO)，即為涉及區域安全的常設組織。該組織在蘇聯瓦解之後依舊存在，且接受原屬東歐共產陣營的波蘭、捷克、匈牙利、波羅的海三小國等國參加。

關於國際組織與國際政府，還有兩個值得注意的特殊組織。一是蘇聯成立後，為了在全球推動共產革命、協助革命輸出，於 1919 年在莫斯科創建的共產國際 (Communiste International)。起初，這並非是主權國家或是地區為成員組建的國際組織，而是以蘇聯共產黨為首，拉拔、支援與指導各地共產黨發展的特殊組織。該組織雖於 1943 年 5 月解散，僅讓非常少數的共產黨在各國取得執政權，但二次大戰結束之後，隨著冷戰局勢的擴張，共產國家在東歐、東亞大幅增長，這些以共同政治意識形態為軸心的國際組織，便以對抗、安全互助為由組成華沙

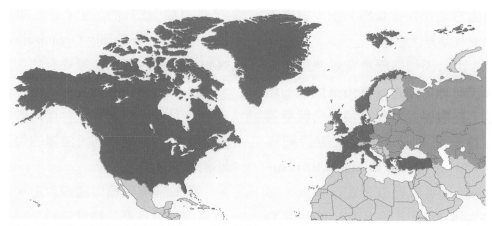

圖 2-14　冷戰時期兩公約組織對峙圖——圖中藍色為北大西洋公約組織的會員國，紅色是華沙公約組織的會員國。

公約組織 (Warsaw Pact)，並依循共產主義組成經濟互助委員會 (Council for Mutual Economic Assistance)，與北大西洋公約組織、資本主義相抗。

　　另一個是在冷戰期間，為了不捲入美、蘇兩強間的集團爭鬥，由印度等國共同發起的不結盟運動，它們組成一個鬆散但具有相近理念的國際組織，採召開不結盟運動首腦會議的峰會模式，表達不欲受冷戰兩極干預的立場，成為國際間另一股「第三勢力」。然而，隨著冷戰終結，以蘇聯為首的共產國家組織，以及不結盟運動都失去賡續下去的理由，也因此這兩股國際組織發展的支脈，也就沒有延續至今。

國際政府的理想與成敗

　　國際組織一開始是為了溝通便利而出現，爾後隨著科技與工業化進展，而出現專業不同與種類各異的國際組織，尤其各國利用科技與工業化成果在各國武備擴張的情況下，並不全用於增進人類福祉上，

反而製造出殺傷力更加強大的武器，造成生命財產的巨大損失。政治家眼見生靈塗炭，及理想主義的驅策下，號召各國許諾息戰、限武，終於在一次大戰結束後，以保和會的基礎，創立了國際聯盟，以作為推動集體安全的最重要平臺，國際政府的雛形於焉產生。

然而，國際聯盟雖是在美國總統威爾遜的倡議下成立，但因美國國會受到孤立主義盛行的影響，使得一次大戰後成為世界強國之一的美國，並未加入國際聯盟，不過美國同時也轉從召開國際會議的方式，持續在國際和平的議題上發聲。國際聯盟雖是理想主義的成果，但僅有道德譴責、經濟制裁等手段，難以有效地遏阻侵略行為，例如身為常任理事國的日本、義大利發起侵略後，國際聯盟不僅無所作為，終而導致二次大戰爆發，使得後世歷史學者對國際聯盟多為負面評價。

在二次大戰後另起爐灶的聯合國，調整國際聯盟的不足之處，增設維和部隊為國際武裝，並強調經濟發展對集體安全的重要性，成立經濟暨社會理事會為聯合國的六大機構之一，且設置多個負責經濟開發議題的專門機構。雖說冷戰繼二次大戰結束後開始，但因美、蘇兩

圖 2–15　諷刺國際聯盟的漫畫──右下角指標指向「終結戰爭」(End of the War)，但拉車夫（國際聯盟）卻要驢子（和平）往反方向走。諷刺國際聯盟的領導下，是大開促進世界和平的倒車。

強與大多數國家都是聯合國的會員國，讓國際社會得以在同一國際平臺上討論議題，不僅及於各國間的政治問題、戰爭與和平，以及集體安全議題，另有更多關乎經濟開發、人道救濟、社會發展、公共衛生與醫療的論題在聯合國中討論。

即便冷戰期間仍有區域性的熱戰，冷戰結束之後亦有區域衝突與恐怖主義蔓延的問題，然而自 1945 年二次大戰結束迄今，並未爆發範圍擴及全球的大規模衝突，這或許彰顯了聯合國在維護和平上的貢獻與成果。而經濟發展的部分，戰後啟動的重建工作自 1945 年至今，無論農、工、商業均大幅度發展，不僅增進人類福祉，也使爆發戰爭的風險跟著降低。

國際組織的發展歷史至今不到兩百年，但隨著各主權國家的參與與投入，讓各式議題都能有直接溝通的平臺，使人類社會獲得更多保障，逐漸也形成了國際規範與國際法原則。在現今稱為「世界村」的國際社會中，儼然國際政府般地運作與治理，大致維護了世界和平與安全，也使得國際社會更加穩定與繁榮。

我 思 ╳ 我 想

1 ▶ 全球性國際組織於 19 世紀中期出現，當時設置的目的何在？

2 ▶ 19 世紀末起，國際間出現呼籲和平、息弭戰爭的聲浪，這與國際組織的關聯何在？

3 ▶ 為何聯合國維護和平的成效，遠比國際聯盟更為顯著？

3

近代國際關係
演變的趨勢

文／王世宗

源起──民族國家體系的建立

民族國家體系 (Nation-state System) 構成國際社會，這是早期的世界政治環境。中古末期以後，近代民族國家的發展大致上有四個階段。第一階段在 15、16 世紀時，此時西北歐興起數個民族王國──包括英格蘭、蘇格蘭、法蘭西、西班牙、葡萄牙、丹麥、瑞典等──他們解脫傳統「一統帝國」（羅馬帝國）的格局與「一統教會」（羅馬教廷）的控制而獨立，其過程漸進而手段平和。西班牙的產生，是卡斯提爾 (Castile) 與亞拉岡 (Aragon) 二國王室聯姻的結果（1409 年），而促成英、法民族王國發展的英法百年戰爭 (Hundred Years' War, 1337–1453)，也不是百年持續不斷的全面激戰，而是漫長的封建權利清算。像這類長久自然演進而成立的民族國家，通常較為安定團結，人民對

圖 3–1 亞琴哥特 (Agincourt) 戰役 ── 圖中左側可見英格蘭弓箭手，擊潰了以騎士為主力的法軍，為英法百年戰爭最關鍵的戰役

國家較有認同感與效忠度。列國的產生使歐洲開始出現國際關係，這即是外交制度及世界政治發展的歷史背景。例如英國在百年戰爭失敗後，更加注意本國的經營，乃至就此放棄對歐洲大陸擴張的方針，轉向海外尋求出路，終至成為海上霸權，反而增進其控制歐洲的勢力。

第二階段在 19 世紀後期，此時中歐地區的德國與義大利，憑藉武力與強硬的外交手段達成統一建國。同時，因為德、義建國必須擺脫奧

地利帝國的控制，所以兩國的獨立，對奧地利帝國的勢力打擊甚大；經過此一教訓與挫敗，奧地利帝國乃與其統治下的匈牙利人達成妥協，成立奧匈兩元帝國，使匈牙利成為一個自治的王國。此事激發了奧地利帝國境內斯拉夫民族，更狂熱的建國運動，使得東歐的政情動盪不

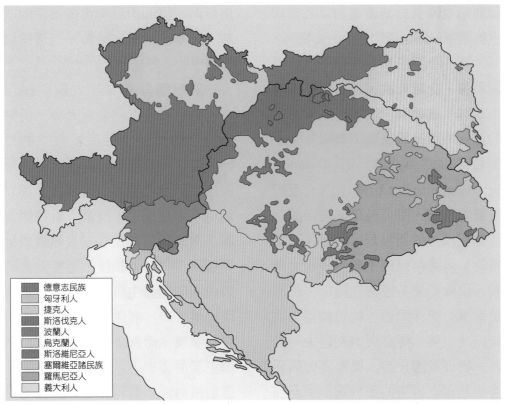

德意志民族
匈牙利人
捷克人
斯洛伐克人
波蘭人
烏克蘭人
斯洛維尼亞人
塞爾維亞諸民族
羅馬尼亞人
義大利人

圖 3-2　奧匈帝國的民族分布──奧匈帝國的民族組成非常複雜，如圖所見，分布著數十種民族，其中「塞爾維亞諸民族」又可再細分為克羅埃人、波士尼亞人……等，所以每當爆發民族衝突，往往為帝國帶來極大動盪。

安。這是一個鐵血鬥爭的時代，民族建國是憑藉戰爭武力，而不是理性的訴求或感情的培養，因此新國建立之後，常造成國際關係的緊張；例如 19 世紀晚期至一次大戰之間，歐洲敵對陣營的結盟運動以及帝國主義擴張，即是國際競爭的產物。

第三階段在 20 世紀第一次世界大戰後，此時東歐民族藉著鄂圖曼土耳其、奧地利、俄羅斯三大帝國的瓦解，以及戰勝國（美國為主）所標舉的「民族自決」(National Self-determination) 和解原則，而紛紛獨立建國，這可說是傳統帝國時代結束以後的新世局。戰後《巴黎和約》可說是民族主義的一次大勝利，東歐新建 7 個獨立國家，此即是芬蘭、愛沙尼亞、拉脫維亞、立陶宛、波蘭、捷克與南斯拉夫。同時，奧匈帝國分裂，奧國與匈牙利皆成為獨立自主的民族國家；而鄂圖曼土耳其帝國瓦解的結果，使土耳其本身變成一個民族國家，並使

得阿拉伯地區、埃及、北非等地的獨立建國希望大增。這些情況改變了國際政治秩序，同時對於受制於西方帝國的亞、非民族造成極大的刺激。在此期間，列強的勢力猶盛，但新興國家的出現與傳統國家的改革，逐漸使世界政局轉變而趨向國際關係的平等化。

第四階段是二次大戰以後至今，由於戰後歐洲元氣大傷，美國與聯合國又採支持民族自決的原則，亞、非各國群起脫離西方的殖民控制與帝國壓迫，而恢復其獨立地位或新建國家，這是「新帝國主義」徹底瓦解與民族主義興騰的世界新局。二次大戰後，每當重大的殖民地問題發生時，美國往往支持殖民地一方，並透過聯合國對殖民母國施壓，而蘇聯也展現一樣反帝國主義的姿態，以宣傳共產主義。這個情勢雖然有利於亞非民族的建國，但也造就了許多「不自然」和「早產」的民族國家，並引發不少

國際糾紛甚至戰爭，而這些新國自身也發生甚多內部衝突乃至內戰。此時新興國家的數量遽增，它們大都成為聯合國的會員，使國際政壇的情勢，因多數小國與少數大國的對峙而動盪。1960 年，聯合國大會通過《給予殖民地國家與人民獨立宣言》(*Declaration on the Granting of Independence to Colonial Countries and Peoples*)，更助長民族獨立建國的風潮。至 1970 年代時，新興獨立國家已超過了 80 個。這些國家在大勢所趨之下突然成立，往往未具備成熟的民族主義條件，多有內憂外患，世界政局也因此難以安定。同時，美國與蘇聯成為世界霸權，它們雖不是傳統的帝國，但其對外的控制力與影響力，卻有類似過去殖民母國對殖民地的作用，國際關係其實仍不平等。

帝國主義的外交政策

工業革命興起以後，西方國家的財力與軍力大為擴增，此後它們與亞、非、拉丁美洲地區的文化差異與勢力懸殊更為顯著；歐洲列強的帝國主義擴張行動，在 1870 年代以後激烈展開，西方的統治與西化取向，成為此後一百年間國際社會的主流。東方國家在此種困局中，也力圖效法西方在近代的改革（即現代化），倡導工業化、民主化、與民族主義，以掙脫西方的控制，並提升其國際地位。顯然，「新帝國主義」時期是東西世界衝突與西方稱霸的時代。學者常以 1871 年為新帝國主義的開端，這表示德國與義大利建國以後，列強的國際競爭迅速激烈化；而 1914 年為新帝國主義結束的象徵年代，這表示一次大戰開始以後，西方殖民帝國的擴張已經不能更有發展。此後，國際關係開始趨於頻繁，外交制度逐漸普及世界各地。

新帝國主義的殖民競爭，主要是非洲的領土瓜分 (1885–1895)，和

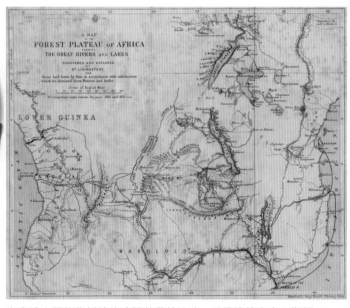

圖 3-3　李文斯頓南非探險 —— 奎寧讓人類能夠抵抗瘧疾等熱帶傳染病，英國探險家李文斯頓 (David Livingstone, 1813-1873) 得以穿越茂密叢林，經陸路橫越南非東、西岸，帶來許多珍貴的調查資料，加速西方國家在非洲的擴張腳步。

亞洲（尤其是鄂圖曼土耳其帝國與清帝國）的控制權爭奪；另外，經濟勢力的滲透也是其一大事業，而此種間接的侵略行為，則遍及亞、非與中南美洲各地。新帝國主義具體呈現西盛東衰的近代歷史趨勢，諸帝國握有工業化的優勢武力，遠非亞、非各國所能抵抗。當時帝國軍事行動常被稱作「戰艦政策」(Gunboat Policy)，這表示入侵者以「對岸砲擊然後登陸」的方法即可輕易取勝；而機關槍、汽船、電報與奎寧（Quinine），是列強得以迅速瓜分非洲的幾項物質條件，這也顯示新帝國主義是西方現代化的產物。新帝國主義時期盛行所謂「非正式帝國」(Informal Empire) 的經濟侵略，常以「銀行與鐵路的征服政

策」("policy of conquest by bank and railway") 遂行其意，這是前所未見的新征服模式，它是西方工業革命以後才出現的國際剝削行為。

在殖民擴張行動上，列強對於競爭規則的確立極為重視，他們經常彼此協調，以避免國際戰爭由此發生。例如為使列強對於土耳其問題能有所協調，1878 年時俾斯麥 (Otto von Bismarck, 1815–1898) 邀請各國參加柏林會議；此會含有初步瓜分鄂圖曼土耳其帝國的意思，但因列強的利害衝突嚴重，無法對此達成共識或協議，所以鄂圖曼土耳其帝國仍得保全。稍後 (1884–1885)，列強為了協調非洲的占領規則，又於柏林召開會議，此會確立了「殖民地」(Colony)、「保護地」(Protectorate)、「勢力範圍」(Sphere of Influence) 三級的控制標準。殖民地是殖民國的直轄領土，保護地是名義上獨立而實際上受外國操控的政權，勢力範圍則是列強之間相互

承認的獨占性地盤，雖然在政治上它是獨立自主的國家。上述國際公約是非洲迅速被瓜分的緣由，因為這一方面使列強有了共同的行動準則，而大大減少其彼此衝突的危險，另一方面它使列強可以不必確實派兵占據非洲，即可憑藉外交手段而號稱取得當地的控制權。

列強對中國的侵略，主要是經濟性滲透和局部的土地占領，其高峰期出現在 19 世紀末年，亦即中日甲午戰爭之後。1895 年，日本於甲午戰爭擊敗中國，而取得遼東半島與臺灣等地，這引發西方列強擔憂日本在中國的迅速擴張，於是乃有俄、德、法三國干涉還遼之舉，隨後更有西方國家對華借款的競爭。1897 年，德國占據膠州灣，引發列強對應性的連鎖行動，於是英國租借九龍與威海衛，俄國租借旅順與大連，法國租借廣州灣，而日本則取得對福建的特權。在列強以劃定勢力範圍的方式瓜分中國時，隨即

圖 3–4 「門戶開放」與歐美列強互動——圖中可見當德、義、英、俄、法開始瓜分中國時，美國突然站立在中間，要求「門戶開放」。而中後方正在磨刀者，則是姍姍來遲的奧匈帝國。

（1899 年）又同意美國國務卿海約翰 (John Hay, 1838–1905) 所提的「門戶開放政策」(Open Door Policy)，以使商業投資不相互妨礙；這顯示列強在中國因彼此抗衡，任何一方皆無法取得獨霸的優勢。

新帝國主義的主要強權是英、法、德、俄四國，其中勢力最大的是英國，於是英法對抗、英德對抗與英俄對抗，也成為帝國衝突的主要戰局。1871 年德國統一之後，俾斯麥積極規劃確保德國國際地位的措施，他企圖孤立法國、交好奧國、排除英國、妥協俄國，其設計或因

此所造成的政局常被稱為「俾斯麥體系」。1879 年，基於同文同種的因素，德奧兩國成立「兩國同盟」，它是兩國的戰爭合作計畫。1882 年，義大利因感孤立無援，而加入兩國同盟，於是「三國同盟」(Triple Alliance) 正式出現。德國與俄國的關係，則在 1890 年俾斯麥下臺以後逐漸疏離，俄國為了自保，乃與法國（德國的敵國）合作，兩國於 1894 年建立「法俄同盟」。此時英國仍維持其「光榮孤立」(Splendid Isolation) 的地位，它既不與德奧集團結盟，也不與法俄集團合作，而是致力於海軍的擴建，以保持其大國的地位；然而至 1902 年，英國終究承認其孤立為危險之舉，因而與日本建立「英日同盟」，以便減低其在遠東（尤其是中國）維持國際優勢所需承受的負擔。不久，英國又與法國企圖和解，兩國終於在 1904 年簽訂「英法諒解」，化解雙方在海外（尤其是北非）帝國衝突

的危局。1907 年英國又與俄國簽訂「英俄諒解」，消除其在中亞地區的殖民擴張衝突。於是，法俄同盟、英法諒解、與英俄諒解三者，共同形成「三國協約」(Triple Entente) 的關係，而與「三國同盟」大舉對峙。

歐洲的敵對陣營，一方面是由國際衝突事件所促成，另一方面則惡化此種衝突的狀況。1905 年，「第一次摩洛哥危機」(First Moroccan Crisis) 爆發，德國挑戰法國在摩洛哥的控制勢力，引發了國際對立的緊張情勢。為解決此事，乃有阿幾賽洛斯會議 (Algeciras Conference) 的召開，而與會列強（尤其是英國）多支持法國，這造成德國更加強化它與奧國的結盟關係。1908 年，奧國併吞波士尼亞 (Bosnia) 與赫塞哥維納 (Herzegovina)，引發「波士尼亞危機」(Bosnian Crisis)，因為德國的極力支持，奧國得以取得勝利的果實，這使德奧兩國的關係更形緊密。1911 年「第二次摩洛哥危機」

(Second Moroccan Crisis) 發生，事後法國與德國達成協議，各有所獲，但雙方敵意未能消解。第二次摩洛哥危機導致義大利藉機擴張，而攻占得黎波里（Tripoli，位於今日利比亞），因該地為鄂圖曼土耳其帝國所有，故引發義大利與土耳其的戰爭。鄂圖曼土耳其帝國戰敗之後，又引起巴爾幹半島上的國家——保加利亞、塞爾維亞與希臘——藉機攻打鄂圖曼土耳其帝國，這即是1912年「第一次巴爾幹戰爭」(First Balkan War, 1912)；從此，土耳其在歐洲的土地僅餘伊斯坦堡一地，其國勢愈為頹敗。此戰之後，戰勝國之間發生嚴重糾紛，這造成「第二

圖 3-5　第一次巴爾幹戰爭後的局勢——戰爭從 1912 年 10 月開啟，至隔年 3 月由保加利亞、塞爾維亞等國聯手擊敗鄂圖曼土耳其帝國。鄂圖曼土耳其帝國在巴爾幹半島的領土僅存伊斯坦堡周圍。

次巴爾幹戰爭」(Second Balkan War, 1913)；在此戰中，保加利亞對希臘和塞爾維亞兩國抗戰，而奧國則支持保加利亞。戰後塞爾維亞獲勝，其領土擴大了一倍，成為一個巨大的斯拉夫國家，這導致奧國與塞爾維亞的緊張對立情勢，此即一次大戰爆發前夕的東歐政局。

國際互賴
與世界政局的變化

▌ 勢力均衡

國際和平常建立在「勢力均衡」的情況上，勢力均衡的功用是，透過列強勢均力敵的平衡狀態，達成維持國際秩序及避免任一國家稱霸的目的。欲維持勢力均衡，列強必須隨著國際情勢的變化，調整其與他國合作或抗衡的關係，使得勢均力敵的局面不被顛覆。現代的勢力均衡局勢起於 17 世紀中葉，當法國路易十四世在位時，歐洲列國為防

止法國獨霸，乃團結以對，形成了一個勢力均衡的國際網絡。在 18、19 世紀時，英國的外交政策宗旨即是維持歐洲的勢力均衡；1815 年至 1914 年間，歐洲的國際關係更可說是建立在勢力均衡的原則上；而兩次大戰結束之後，世界政治的重建要務也是恢復勢力均衡。尤其 1960 年代以來，歐洲復興而中國勢力崛起，它們對美、蘇兩強造成節制，使得勢力均衡更全面展現。

1871 年德國與義大利完成統一大業，列強數量的增加，使歐洲強權政治更為強化，國際關係也因此變得緊張，其勢力均衡有待重整，「三國同盟」與「三國協約」的對立即是因此而起。如此的情勢，經過 20 世紀初幾次國際衝突的激化，益為緊張，由此兩大集團的敵意更增，而其內部結合則更緊密，終於演成第一次世界大戰。一次大戰結束後，各國召開巴黎和會商議戰後安排。對此，美國總統威爾遜提出

「十四點計畫」，主張公開外交（反對傳統的祕密外交）、自由貿易、裁減軍備、民族自決、公正解決殖民地問題，以及成立國際社會組織等原則。最後，和約成為列強權益的妥協方案，落實困難且造成諸多恩怨。戰後民族主義高漲，東歐新興國家一一成立，同時國際聯盟建立，但因利益衝突，國際關係甚為不安，這是二次大戰所以爆發的長期背景，也是 20 世紀世界政治的發展根源。

近百年國際關係型態

　　近百年的國際關係可用不同的理念加以定義及解釋，例如「列強（帝國）與殖民地的關係」（較適用於 20 世紀前半期）、「南北對抗」（較適用於 20 世紀後半期）、「東西對立」（文化觀點）、「已開發國家與開發中國家的關係」（經濟觀點）、「歐美自由國家、共產集團與第三世界的關係」（較適用於

國際政治社會的討論）等。不論哪一個說法皆有其適用的時空，並不能涵蓋全部，可見 20 世紀的世界秩序既多變且複雜。在現代，各民族之間交互的影響甚深，少有國家能自外於國際社會，而維持孤立或力求自保。例如兩次世界大戰的發生，皆是源於區域性的衝突，然牽一髮而動全身，終於形成全面性的大戰；其間美國原本皆欲保持中立、置身事外，最後卻都捲入戰火，且無法全身而退。另外，1930 年代的經濟大恐慌，乃是從美國開始，而波及世上主要國家，造成全球性的景氣蕭條。這些情形都顯示，在世界一體的局面中，任何重大事件的發生皆使「地球村」裡的居民「無所逃於天地之間」，而深受影響。

　　大體而言，近百年的世界政治發展經歷了「歐洲霸權的衰落」、「美、蘇兩極化的對抗」，以及「多元化的世界政局」等階段。「新帝國主義」時期是歐洲的霸權盛世，

「歐化」或「西化」是此時的世界潮流，歐洲勢力均衡的變化決定著國際政治的安危。至一次大戰前夕，僅占全球陸地十五分之一的歐洲，竟控有世上三分之一的領土，以及三分之一的人口。但 20 世紀初年以後，歐洲稱霸的情況開始改變。美國與日本的崛起，使得歐洲不再一枝獨秀，同時亞洲民族主義的興起，使得歐洲帝國主義的擴張與統治遭遇重重困難。二次大戰後，歐洲殖民帝國瓦解，亞、非國家紛紛脫離西方控制，獨立建國。

▍冷戰時期的世局

　　美國與蘇聯兩強對峙的時代，於歐洲帝國結束後正式展開。所謂「冷戰」是指「以美國為首的西方民主陣營」與「以蘇聯為首的共產陣營」之間的對抗，這個對抗不只是政治與軍事上的衝突，更是經濟上的鬥爭。冷戰期間雙方均致力於軍武整備，核子武器的研發與裝備是其要項；此外，經濟競爭與外交對抗亦是重要戰線。美、蘇兩集團首次公開的衝突，起於二次大戰後處置德國的爭議，因雙方溝通不能化解糾紛，終至於關係決裂，互相較勁。美國以「馬歇爾計畫」(Marshall Plan) 援助歐洲戰後重建，又建立「北大西洋公約組織」，聯合西歐對抗蘇聯，並且籌組許多區域性組織，圍堵共產國家集團。蘇聯則強化對附庸國家的控制，支援中國、東南亞及古巴等國的共產革命，並建立「華沙公約組織」，對西方陣營進行反制。冷戰中又有熱戰，此即是韓戰 (1950–1953) 與越戰 (1955–1975)。1960 年代及 1970 年代時，冷戰情勢趨於緩和。1980 年代末期及 1990 年代初期，蘇聯採行改革開放政策，放棄對東歐共產衛星國的控制，聽任兩德統一（1990年），美、蘇關係大獲改善，冷戰於是終止。

　　蘇聯於 1991 年瓦解，代之而起

的是十餘個獨立共和國，共產陣營至此已是分崩離析，國際政局大為改觀，美、蘇兩極化的時代成為過去。然而冷戰的結束並不意味美國獨霸，或「一極」時代的開始，美國依舊面對許多勢力的挑戰，其中之一即來自同屬自由陣營的歐洲。1960年代以來，歐洲便企圖打破美、蘇二元化領導的世界政局，再度尋求「勢力均衡」。早在二次大戰結束之初，「歐洲統合」的呼聲即已出現。1958年，「歐洲共同市場」(Common Market) 成立，企圖整合西歐經濟力量，促進生產。1967年，歐洲共同市場與其他兩個歐洲合作組織共同組成「歐洲共同體」(European Community)，歐洲統合大有進展。1991年歐洲共同體成員簽署《馬斯垂克條約》，將「歐洲共同體」改組為合作關係更緊密的「歐洲聯盟」，形成另一個強大的政經勢力；它朝向共同的經濟政策與外交政策發展，對於任一世界霸權造成有力的牽制。

除了歐洲以外，區域性團結組織在其他各洲亦頗多，例如「美洲國家組織」、「東南亞國協」、「阿拉伯國家聯盟」(League of Arab States)、「非洲團結組織」(Organization of Africa Unity) 等；另外，還有國際性利益團體的出現，如1960年成立的「石油輸出國組織」。這些組織以種族、地理、政治或經濟的考量而建立，對於外來的威脅具有強大的抵抗力。此外，新興國家的現代化在戰後急起直追，對歐美國家形成重大挑戰，且其民族自覺強烈，不再任憑強國操縱。這些發展都使國際政治趨於多元化，美國並不能建立類似19世紀大英帝國的威權，或維持二次大戰以來的優勢。況且核子武器的發展使戰爭型態產生重大改變，總體戰與玉石俱焚的毀滅威脅，導致大國與小國的關係發生微妙變化，在所謂「恐怖的平衡」(Balance of Terror) 及「核

子僵局」中，並無趾高氣昂或戰無不克的一方。顯然，國際政治至 20 世紀末時，已不是百年前列強與殖民地的主從關係，而是透過協商以尋求「雙贏」的外交藝術。

▍國際政府的嘗試

一次大戰後，根據《巴黎和約》成立國際聯盟，這個組織與二次大戰後的聯合國宗旨一樣，皆在促進人類社會的和平與安全。國際聯盟的大會（由所有會員國組成）及理事會（由列強所組成）的決議，均需全體一致通過乃能成立，這顯示國際聯盟具有高度的理想性。國際聯盟在 1920 年代前期頗有作為，解

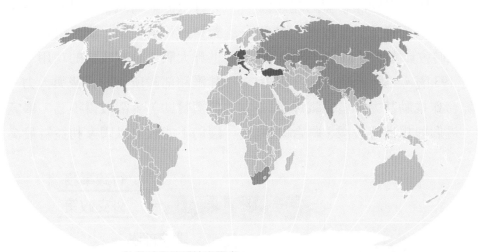

2017年核子武器持有國家

■ 《核武禁擴條約》中的擁核五國（美、俄、英、法、中）
■ 《核武禁擴條約》未提及的擁核國家（印度、巴基斯坦、北韓）
■ 被認為持有核武（以色列）
■ 北大西洋公約組織中共有核武的國家（比、德、荷、土、義）
■ 曾擁有核武（白俄羅斯、南非、哈薩克、烏克蘭）

圖 3-6　2017 年核子武器持有國家

決了許多中歐與東歐地區的危機和紛爭，對於人道救援、衛生保健、財政救濟、國際合作等事貢獻良多。然而國際聯盟對於強國的一意孤行卻常無可奈何，在國際衝突愈來愈緊張的情形下，國際聯盟終於瓦解。1946 年它自行宣告解散，其業務與財產轉移至聯合國。

聯合國承繼國際聯盟的理念，但在行動與組織上力圖改進。聯合國成立時會員國僅有 51 國，50 年後已達 193 國。一開始時，聯合國對國際合作推動甚力，但冷戰爆發以後，這個理想頓時破滅，聯合國許

多組織的運作陷於困境。不過聯合國仍為各國所重，它是辯論國際糾紛的重要戰場，或是國際政治的視聽中心，而且它對於開發中國家的經濟與科技支援貢獻極大，非常受到小國歡迎。冷戰結束以來，聯合國對於維護世界和平的重要性更為增加。例如 1991 年初，聯合國以武力介入波斯灣戰事，遏止了伊拉克對科威特的侵略。聯合國對於防範世界大戰，具有重要的功用，然而其維和部隊所需的經費與人力（靠各國贊助），卻取得不易，畢竟各國仍不能放棄以國家利益為最高原

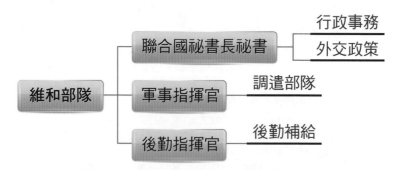

圖 3-6　聯合國維和部隊的指揮體系——維和部隊有三大長官，一為聯合國祕書長指派的特別祕書，負責行政、外交事務；二為軍事指揮官，負責實際的部隊兵力調遣；三是後勤指揮官，在後方統籌部隊的糧食補給等事務。

則的外交政策，國際政府的理念如今尚不能深植人心。

外交原本是為謀一國（本國）之利而起，終極的外交可能以謀全人類之福而定，但這將使外交喪失其本質或特性；現代國際政府的嘗試難以成功，正是由於此種「本位立場」與「大公精神」衝突的問題。

我 思 ╳ 我 想

1 ▶ 民族國家體系的建立與國際關係的發展趨勢，有何互動關連？

2 ▶ 帝國主義下的國際關係與外交制度有何重大變化？

3 ▶ 「勢力均衡」的國際關係對於世界政治有何影響？

4

強權政治

文／周雪舫

「強權」(Great Power) 即大國，指在國際體系中，其具有的軍事和經濟實力，得以影響中或小國採取行動前考慮強權的意見。20 世紀是由英國、法國、德國、俄國、美國、日本和中共等「列強」主導世界局勢的時代。強權影響世界政治的發展，但並非七國同時產生影響力，如美國和蘇聯主導世局是在二次大戰後，中共的崛起則是在世紀末。

「列強」的崛起與爭霸

▌「列強」崛起

20 世紀「列強」的出現與現代化有關，工業革命由英國開始，歐洲各國陸續跟進。強國擁有先進的科技而在經濟和軍事上取得優勢，此在 1870 年代第二次工業革命後更加明顯，歐洲諸國挾其強盛武力大肆向外擴張，在非洲和亞洲建立廣大的殖民地，有了殖民地豐沛的人力和天然資源，更增強其國力的發展。此與以往強國向外擴張不同，被稱為「新帝國主義」的型態。而非歐洲國家的日本，經明治維新成功後，在 1904 年居然擊敗強國俄國也躋身於列強之林。

▌「列強」爭霸

爭奪殖民地

19 世紀末 20 世紀初，霸權的競爭主要表現在爭奪殖民地。歐洲諸國加速瓜分非洲地區、拓展殖民地，因而導致衝突，如 1881 年法、義對立引發的突尼西亞衝突；1882 年英、法爭奪埃及；1899 年至 1902 年爆發南非第二次波爾戰爭 (Second Boer War)；1898 年英、法爭奪蘇丹法紹達 (Fashoda)；1905 年和 1911 年兩次摩洛哥危機是法、德對立所引發；1912 年和 1913 年兩次巴爾幹戰爭加深奧匈與俄國的衝突。

列強爭奪殖民地也加速敵對同盟的形成，如法國侵占突尼西亞，

圖 4-1　塞拉耶佛事件登上《紐約時報》頭條

促使義大利投向德奧同盟；德國擴張殖民地，促使英國靠攏法俄同盟；1908 年奧匈帝國成功兼併波士尼亞和赫塞哥維納，引起塞爾維亞和俄國極為不滿，只是當時無力回擊。

第一次世界大戰

　　1914 年 6 月 28 日，奧匈帝國皇儲斐迪南大公 (Franz Ferdinand von Österreich-Este, 1863–1914) 夫婦在波士尼亞首府塞拉耶佛被殺，成為第

一次世界大戰爆發的導火線。

　　大戰主要是同盟國（德、奧、義等）對抗協約國（英、法、俄等）。戰爭持續進行4年多，非歐洲國家也加入行列，共計30餘國或地區參與大戰。一次大戰源起於歐洲諸國的衝突，但其結束卻有賴美國中途加入協約國才得以解決，然而戰爭造成大量人口傷亡和經濟損失，約1,600萬人喪生，其中700萬人為一般平民。戰後，戰勝國召開「巴黎和會」，不允許戰敗國、中立國以及中途退出戰場的俄國參與，會議主要由英、美、法三國主導，對於

戰敗的德國給予嚴重懲罰，《凡爾賽和約》不但讓德國失去所有殖民地，更須負擔鉅額賠款。

第二次世界大戰

　　一次大戰後，美國回歸「孤立主義」外交，歐洲列強即便是英、法等戰勝國也忙著復原；各國為求迅速復興本土產業，而興起提高關稅以保護本國產品，致使國際貿易幾乎停擺。1929年10月，紐約股市大崩盤造成全球經濟大恐慌，脆弱的歐洲經濟也遭受衝擊，失業人口大量增加。蘇聯因實行社會主義

圖4-2　興建當中的煉油廠──希特勒執政後，以發展重工、軍工業來解決嚴重的失業問題，成功振興德國經濟。

圖4-3　蘇聯紅軍占領柏林──二次大戰期間，蘇聯紅軍傷亡超過2,000萬人，為同盟國陣營中最多。

計畫經濟不但未受波及，反而工業產值躍居歐洲第一；德國在希特勒 (Adolf Hitler, 1899–1945) 領導下，同樣以計畫經濟解決失業問題，但這是以擴充軍備來帶動工商業繁榮；日本也受到經濟大恐慌的影響，以對外戰爭解決失業人口問題。

1939 年 9 月，德軍入侵波蘭，開啟第二次世界大戰，由德、義、日組成的軸心國，對抗由英、法、美、蘇等多國組成的同盟國。這一場戰爭持續 6 年，參與國家多達 60 多國，士兵與平民死亡人數高達約 6,000 萬人，是目前歷史上規模最大的戰爭。此次戰爭推動了科技的發展，由於軍事上的需要而研發出精良武器，如美國研發原子彈成功，人類從此進入核時代。戰後，歐洲諸國衰落，亞、非殖民地紛紛獨立，世界局勢便由美、蘇二大超級強國主導。

冷戰時代── 美、蘇爭霸下的強權政治

▌ 美、蘇冷戰的開啟

「冷戰」一詞早在 14 世紀已被使用，意指無法為發動者帶來和平，也不能帶來榮譽的戰爭。到了二次大戰之後，冷戰指美、蘇在戰爭之外，以非流血的政治、軍備、科技、經濟、外交和文化等各方面對抗行為和對峙狀態。

1945 年 5 月，二次大戰歐洲戰場隨著德國投降而結束，歷經 6 年戰爭的消耗，歐洲諸國即便是戰勝國也無力繼續主導世界局勢，美、蘇躍升為世界超級強國。但在戰爭結束後，美、蘇從盟友轉變為敵國，分別成為資本主義和社會主義陣營的首領，在意識形態方面的衝突日益明顯，成為解決戰後問題的絆腳石。美國相信他們的民主政體是世界上最好，蘇聯則是相信共產主義

民主陣營
共產陣營

圖 4-4　冷戰時期的兩大陣營界線

為最好，雙方都將其理想推行於其勢力所及的地區。

1946 年 2 月 22 日，美國駐蘇聯的代辦凱南 (George Kennan, 1904–2005) 向美國國務院 (State Department) 發了一封 8,000 字的「電報長文」說明蘇聯社會情況與對外政策，強調蘇聯威脅的嚴重性，美國必須採取強硬立場。隨後杜魯門 (Harry Truman, 1884–1972) 總統於 1947 年在國會演說，呼籲向希臘和土耳其提供軍事和經濟援助，以免兩國因經濟困境而倒向蘇聯，進入社會主義國家之林，此即著名的「杜魯門主義」(Truman Doctrine)，正式開啟冷戰局勢。

劍拔弩張的對峙

美、蘇爭霸與世界兩極化

　　美國於1948年4月開始實行「馬歇爾計畫」，又稱為「歐洲復興計畫」(European Recovery Program)，為協助歐洲各國回復至戰前經濟健全的狀態，因杜魯門相信貧窮是共產主義的溫床，所以經濟復興乃是迫切急務。這個計畫原本涵蓋東歐諸國與蘇聯，但是蘇聯以美國藉此干涉內政為由而拒絕，也不允許東歐諸國加入，於是蘇聯在 1949 年 1 月成立「經濟互助委員會」（簡稱為「經互會」），創始會員國為蘇聯和東歐 5 國。世界上因此形成兩個平行市場，經濟體制各為資本主義和社會主義，彼此往來極為有限。

　　另一方面，1949 年 8 月生效的「北大西洋公約組織」，是以美國為首共 12 國加入的軍事防禦組織，

圖 4-5　捷克境內的「鐵幕」遺跡

主要目的是防禦蘇聯入侵會員國，會員國有義務共同協商與抵抗。隨著西德於 1955 年加入北約，蘇聯結合東歐 7 國，於同年成立「華沙公約組織」（簡稱為「華約」），蘇聯派軍駐守波蘭、匈牙利、東德和捷克斯洛伐克。美國在北約成員國內布署軍隊與飛彈設施，蘇聯藉由華約加強控制東歐諸國，歐洲正式形成兩大軍事集團對峙的局面。

圖 4-6　美國援助法國的農業機具——由於中、東歐糧產區被蘇聯掌控，馬歇爾計畫不僅大量提供麵粉，同時引進農業機具，協助西歐農業重建，迅速舒緩糧食短缺問題。

▌美、蘇冷戰下的「熱衝突」

柏林封鎖

　　二次大戰後美、蘇首次大規模衝突是蘇聯封鎖柏林事件。戰後德國由美、蘇、英、法四國共同占領，位於蘇聯占領區內的柏林，亦被劃分為四國占領區。由於意識形態差異，美、英、法三國依據《倫敦議定書》(*London Protocol, 1944*)，於 1948 年 6 月在三國占領區發行統一的西馬克貨幣，並準備籌建民主政體的新國家。蘇聯抗議不成，乃封鎖柏林三國占領區的鐵路與陸路，讓該區的人民生活物資無以為繼，長達近 11 個月（1948 年 6 月至 1949 年 5 月）仰賴美、英兩國空運物資，此事件被稱為「柏林封鎖」。

韓　戰

　　1948 年時，朝鮮半島以北緯 38 度為界，南方為「大韓民國」（通

稱南韓），總統是美國支持的李承晚 (1875–1965)，而北方則是「朝鮮民主主義人民共和國」（通稱北韓），領導人為蘇聯所支持的金日成 (1912–1994)。1950 年 6 月， 北韓軍隊在蘇聯史達林 (Joseph Stalin, 1878–1953) 默許下南侵，並迅速占領漢城（今首爾），美國授權麥克阿瑟 (Douglas MacArthur, 1880–1964) 將軍率領聯合國部隊反攻，很快地收復漢城，並乘勝占領北韓首都平壤。由於美軍逼近中、朝邊境，中共決定以志願軍名義援助北韓，再度扭轉戰局，美軍節節敗退，麥克阿瑟要求杜魯門總統給予 26 枚原子彈反擊，並計畫直接攻入中國大陸。

可是蘇聯於 1949 年研發出原子彈，讓杜魯門謹慎地避免引發核武戰爭。杜魯門擔心核武戰爭不像傳統戰爭，將會是沒有贏家的慘劇，且攸關人類存亡，於是撤除麥克阿瑟軍職，開始與北韓和談，至 1953 年 7 月簽訂《朝鮮停戰協定》(Korean Armistice Agreement)，回復戰前以北緯 38 度為界的局勢 ❶。

美軍在韓戰陣亡達 33,000 人，耗費 150 億美元。韓戰促使美國把臺灣納入太平洋防衛線，杜魯門於戰爭爆發兩天後宣布第七艦隊協防臺灣。戰後，美軍約 4 萬餘人駐守南韓，現仍有近 3 萬人駐守，而南北韓持續外交衝突和軍事對峙至今。

美國介入韓戰，給予盟邦相信美國能夠保護武力較弱的國家，阻擋共產主義蔓延。如東亞的日本、韓國和臺灣得以在安全的環境下發展經濟。

註
解　❶《朝鮮停戰協定》只是規範兩韓「暫停」戰爭狀態，雙方必須簽署「和平協定」才能正式終結戰爭，也是今日美國積極促成的目標。

古巴飛彈危機

古巴的巴蒂斯塔 (Fulgencio Batista, 1901–1973) 於 1952 年發動政變，成功奪權後立即解散議會，廢除《1940 年憲法》，禁止政黨活動、群眾集會和罷工。由於實行獨裁統治，引起古巴人民廣泛不滿。1959年 1 月，由卡斯楚 (Fidel Castro, 1926–2016)領導的「古巴民族解放委員會」推翻巴蒂斯塔政權，新政府實行國有化政策，沒收美國在古巴的企業財產，總計約 250 億美元。次年 5 月，古巴與蘇聯建交，美國立即停止對古巴的一切援助，並全面禁止進口古巴的農產品。1961 年 1 月，美國與古巴斷交；4 月，由美國主導的「豬灣事件」(Bay of Pigs Invasio) 欲推翻卡斯楚政權卻以失敗收場。5 月，卡斯楚宣布古巴為社會主義國家，得到蘇聯在經濟和軍事方面的大量援助。

蘇聯保衛古巴也是為了就近對抗美國，自 1962 年 9 月起，於古巴布署中程飛彈和遠程轟炸機等進攻性武器，美國總統甘迺迪 (John Kennedy, 1917–1963) 獲知後，即於 10 月 24 日要求蘇聯撤除在古巴的飛彈設備，否則將不惜一戰。蘇聯總書記赫魯雪夫 (Nikita Khrushchev, 1894–1971) 考量若不接受美國的要求，接下來很有可能爆發核武戰爭。經雙方多次書信往來，蘇聯在 10 月底決定讓步，而美國保證不再入侵古巴，並同意撤除之前布署在義大利、土耳其的中程洲際彈道飛彈。古巴飛彈危機解除後，美、蘇為了維持優勢地位，雙方皆加速壯大核武裝備，但又同時避免核戰的爆發。

越　戰

越南在二次大戰前是法國的殖民地，1940 年起受日本統治，1945 年 9 月，在越南共產黨胡志明 (1890–1969) 領導下脫離日本統治，建立越南民主共和國（通稱北越），

法國不予承認，並派軍占領西貢，接管南越地區。1950 年 2 月，美國承認以保大皇帝 (1913–1997) 為首的越南國 (1949–1955) 政權。1954 年，包含美、蘇、法，越南國與北越等 9 國召開日內瓦會議，制定《日內瓦協定》(Geneva Accords)，越南脫離法國獨立，但先以北緯 17 度劃分為南、北兩部，且必須在 1956 年 7 月前舉行普選後統一。

可是美國並未簽字承認《日內瓦協定》，且為阻止共產黨在越南擴張，於 1955 年初扶植吳廷琰 (1901–1963) 擔任總理，而吳廷琰在美國支持下，同年 10 月經公民投票廢黜保大皇帝，建立越南共和國（通稱南越），但吳廷琰卻拒絕實施普選，宣布自任為總統、總理，獨攬大權，引起反對派計畫推翻政權。1963 年 11 月，楊文明 (1916–2001) 在美國支持下發動政變，吳廷琰被殺身亡，南越陷入政治動盪。1965 年 3 月 8 日，美國總統詹森 (Lyndon Johnson, 1908–1973) 派遣海軍陸戰隊登陸峴港，成為第一批進入戰區的美國戰鬥人員，並對北越實施大規模轟炸。1968 年 1 月 30 日起，北越向西貢、順化等南越 64 座城市發動進攻，美國駐越使館一度遭越共攻擊，引起美國輿論譁然，掀起反戰聲浪。所以自同年 11 月起，美國完全停止轟炸北越，逐步撤離駐南越美軍。

越戰期間，美軍總計有 58,000 人喪生，傷殘者無數，耗費 2,500 億美元。1969 年 1 月尼克森 (Richard Nixon, 1913–1994) 就職美國總統後，提出「越南化」政策 ❷，開始與北越和平談判，1973 年在巴黎簽訂和平協約。1975 年 4 月，北越攻陷西貢、統一越南，隔年 7 月建立「越南社會主義共和國」，越戰正

註 ❷ 越南化政策是美國鑑於自身在越戰付
解　出高昂代價，而決定逐步退出越戰，
　　使越戰成為「越南自身的戰爭」。

式結束。越戰期間，北越獲得蘇聯、中共和其他共產政權大量的物資援助，其中以中共的援助最多，甚至派遣解放軍 32 萬餘人支援。越戰結束也同時改變美、蘇爭霸的局勢：美國在整個 1970 年代轉為守勢，而蘇聯卻處於攻勢地位。

安哥拉內戰

位於非洲西南部的葡萄牙殖民地安哥拉，從 1950 年代以來，出現 3 個爭取獨立的重要組織。一方是蘇聯和古巴支持的「安哥拉人民解放運動」（簡稱安人運），另一方是美國和南非支持的「爭取安哥拉徹底獨立全國聯盟」（簡稱安盟），以及「安哥拉民族解放陣線」。1975 年 11 月 11 日，安哥拉宣告獨立，成立安哥拉人民共和國，但安人運和安盟卻陷入對立而爆發內戰。內戰期間，美、蘇都未派兵參戰，但蘇聯協助 2 萬餘名古巴軍人進入安哥拉；美國為避免重蹈介入越戰的

錯誤，因此未派遣美軍，僅提供資金和武器援助安盟。內戰最後由蘇聯支持的安人運獲得勝利，並實行一黨專政，直到 1990 年放棄社會主義，同時開放政黨，但內戰仍持續至 2002 年安盟領導人陣亡才結束。

安哥拉內戰是冷戰時期發生在非洲的一場「代理人戰爭」(Proxy War)，美、蘇各自扶植武裝團體而不親身參與內戰，結果是由蘇聯為首的共產陣營獲勝。

阿富汗戰爭

1973 年 7 月，阿富汗首相達烏德 (Daoud Khan, 1909–1978) 在蘇聯支持下發動政變，推翻阿富汗王室後成立阿富汗共和國 (1973–1978)，成為第一任總統。達烏德主政時期，同時接受美、蘇的援助進行現代化，但因親美國傾向而與蘇聯交惡。1978 年，蘇聯支持阿富汗人民民主黨推翻達烏德政權，更改國名為阿富汗民主共和國 (1978–1992)。但

柏林封鎖 **1948**

圖 4-7　援助西柏林麵粉物資的美國軍機

1950 韓　戰

圖 4-8　美軍仁川登陸成功—韓戰初期北韓軍隊勢如破竹，直到美國祭出仁川登陸的戰略後，才扭轉戰局。

古巴飛彈危機 **1961**

圖 4-9　美國布署於土耳其的洲際導彈—美國在土耳其布署數十枚飛彈，藉此牽制蘇聯的擴張行動。但導致蘇聯於古巴布署飛彈，引爆了「古巴飛彈危機」。

1962 美軍介入越戰

圖 4-10　南越崩潰前夕的逃難群眾──美軍逐漸撤出南越，加速南越政權的崩潰，南越群眾紛紛逃離。

南越政權崩潰 **1975**

阿富汗戰爭 **1979**

1991 蘇聯解體

圖 4-11　喀布爾街頭的蘇軍—蘇軍雖訓練有素、器械精良，但不善於街頭巷戰與游擊戰，因此在阿富汗陷入苦戰

圖 4-12　蘇軍政變失敗──蘇軍軟禁戈巴契夫，但仍難以阻止蘇聯解體

總書記塔拉基 (Nur M. Taraki, 1917–1979) 推動無神論的政治、宗教變革，引起廣大人民不滿。1979 年 9 月，總理阿明 (H. Amin, 1929–1979) 刺殺塔拉基後繼任總書記，主張國家自主和外交獨立，與蘇聯關係惡化。

1979 年 12 月 25 日，蘇聯入侵阿富汗首都喀布爾，刺殺阿明、建立新政府，但新政府遭受反對派武裝侵襲，於是蘇聯陸續派遣 10 萬餘名軍隊保護，戰爭陷入長期化。與此同時，美國並未派軍介入，但透過巴基斯坦訓練 10 萬名多半來自沙烏地阿拉伯的聖戰者游擊隊（賓拉登 [Osama bin Laden, 1957–2011] 也名列其中），並提供先進的飛彈武器，讓游擊隊輕易地擊敗蘇聯駐軍，在 1992 年建立阿富汗伊斯蘭國。雖然蘇聯早在 1989 年 2 月完全撤軍，但已造成近 7 萬人傷亡、耗費 400 億美元，為蘇聯帶來沉重打擊，阿富汗戰爭因此被稱為「蘇聯的越戰」。

上述幾個戰役說明冷戰時期仍有小規模地區性戰爭，戰爭皆有美、蘇的介入，可看出其爭奪霸權的激烈程度。

後冷戰時代——美國主導下的強權政治

▌世界警察——調停國際紛爭

蘇聯於 1991 年 12 月 25 日解體，同時為冷戰畫上休止符，原有 15 個加盟共和國也各自獨立，結束社會主義計畫經濟，實行財產私有化、自由市場經濟、開放民營企業；政體上開放政黨政治、實行總統普選。俄羅斯（亦稱俄羅斯聯邦）繼承蘇聯在聯合國安理會常任理事國的資格，而武器儲備仍然強大，但經濟與軍事力量卻日漸衰頹。中共軍事力量雖日益壯大，但無法對美國造成直接威脅，美國成為獨霸全球的超級強國。

柯林頓 (William Clinton, 1946–)
於 1993 年 1 月就任總統，表示將保
持美國在世界上的領導地位。首先
是同年 9 月，在柯林頓努力調解下，
以色列和巴勒斯坦政府領導人在白
宮握手和談。隔年推動北愛爾蘭和
平運動，緩解北愛爾蘭地區天主教
徒（舊教）、基督徒（新教）的緊
張關係。1998 年年底，針對伊拉克
總 統 海 珊 (Saddam Hussain, 1937–
2006) 拒絕撤除導彈，對伊拉克首都
巴格達發動大規模空襲。充分展現
美國在主導國際局勢的能力。

　　1991 年 6 月，南斯拉夫聯邦的
克羅埃西亞和斯洛維尼亞宣布獨立。
隔年 3 月，波士尼亞與赫塞哥維納
（簡稱波赫）經公民投票也宣布獨
立，波赫境內的穆斯林（占 44%）
和克羅埃西亞人（占 17%）贊成獨
立，但遭塞爾維亞人（占 31%）抵
制，得到當時仍稱為南斯拉夫聯邦
軍的塞爾維亞軍隊支助，試圖滅絕
穆斯林人口，阻止波赫脫離聯邦獨

圖 4–13　塞拉耶佛圍城戰──南斯拉夫內戰爆
發後，波赫首都塞拉耶佛遭南斯拉夫軍包圍長達
1,425 天，造成無數平民死亡。

立。而新獨立的克羅埃西亞亦派軍
援助波赫獨立，內戰便於 1992 年 4
月爆發。內戰期間，美國以北約名
義派軍進駐，保護穆斯林免受塞爾
維亞人攻擊，且下令凍結 1990 年以
前南斯拉夫政府在美國的所有資產。
1995 年 11 月，經美國協調，波赫、
克羅埃西亞和塞爾維亞三位共和國
總統在俄亥俄州達成和平協議，而
俄羅斯亦同意由美國指揮的北約軍
隊，在波赫境內執行和平協議。

　　即使蘇聯已經解體，但美國為
了削弱與牽制俄羅斯，不但未解散
北約，反而在 1999 年至 2017 年間，

接受愛沙尼亞、捷克、匈牙利、波蘭等 13 個前蘇聯加盟共和國和東歐國家加入。歐盟也在 2004 年至 2013 年間增加 13 個會員國，其中除了塞普勒斯和馬爾他外，都是東歐國家和前蘇聯加盟共和國。美國雖非歐盟會員國，但為了牽制俄羅斯，昔日受蘇聯統治或控制的國家，均紛紛轉投入北約的西方陣營。

▌反恐盟主──對抗恐怖主義

2001 年 9 月 11 日，賓拉登指揮

圖 4-14　南斯拉夫聯邦──灰色以外的國家，即是冷戰時期南斯拉夫聯邦的加盟共和國，今日已全數獨立。

的 19 名蓋達組織（Al-Qaeda，又稱基地組織）成員劫持 4 架美國民航機，其中兩架衝撞紐約世貿中心（俗稱雙子星大樓），雙子星大樓轟然倒塌，造成巨大傷亡。第三架撞向五角大廈（美國國防部），第四架則被乘客奪回飛機控制權，但還是不幸墜毀於賓州農田，機上所有人全部罹難。九一一事件當日共有近 3 千人死亡，此一事件震驚美國與全世界人民。

九一一事件是自二次大戰時期日本偷襲珍珠港以來，美國領土再度遭受襲擊，且是針對一般無辜人民而非軍事目標，美國判斷事件主導者是蓋達組織首領賓拉登，而他當時正藏匿於阿富汗。阿富汗自 1996 年由塔利班（Taliban——意為神學士）掌權，且不顧聯合國禁止而為賓拉登提供庇護，九一一事件後再度拒絕引渡賓拉登至美國的要求。所以總統小布希 (George Bush, 1946–) 於國會發表演說，宣稱：

「任何庇護或支持恐怖分子的國家，將與美國為敵」，隨後於 10 月 7 日向阿富汗宣戰，北約軍隊迅速地推翻塔利班政權，由卡爾扎伊 (Hamid Karzai, 1957–) 總統建立新政府，並在美國援助下重建家園。美國攻打阿富汗標誌著全球反恐戰爭的開端，復在 2002 年大幅增加軍事預算，建立以美國為領導的全球反恐聯盟。

擊垮阿富汗塔利班政權後，伊拉克海珊政權亦讓美國感到威脅，美國聲稱伊拉克擁有生化武器和核武器，並支持恐怖活動而威脅世界和平，因此計畫派軍推翻海珊政權。可是聯合國安理會會議中，常任理事國中、法與俄國表示反對，但美國仍然在英國的支持下，於 2003 年 3 月向伊拉克發動攻擊，在同年 4 月底推翻海珊政權。然而伊拉克複雜的種族、宗教問題，加上美國並未發現伊拉克擁有大規模殺害性武器的證據，導致伊拉克人民不甚支持美國統治，陷入動盪不安。美軍於

圖 4–15　擊潰海珊政權後開入伊拉克首都巴格達的美軍坦克

2011 年底完全撤離伊拉克。

　　敘利亞於 2011 年初爆發內戰，伊朗和俄羅斯支持敘利亞政府，但美國支持反對派所建立的敘利亞臨時政府，雙方內戰至今，成為美、俄兩國的角力場，並造成超過 400 萬難民，為歐盟及許多國家帶來難題。其中穆斯林極端分子於 1999 年建立「統一聖戰組織」，其至 2014 年 6 月改名為「伊斯蘭國」(Islamic State, IS)，在伊拉克、敘利亞部分地區建立廣大根據地，又在歐美、亞洲等地區的大城市發動恐怖攻擊，造成大量無辜平民喪生，伊斯蘭國成為新一波反恐戰爭的主要目標❸。

　　在反恐戰爭中，美國不僅與英、法、德等國合作，甚而取得俄、中與日本的支持。自蘇聯解體後，美國固然成為唯一的超級強國，然而英、法、德常遭受恐怖攻擊；俄羅斯境內有棘手的車臣穆斯林問題，美國默認俄國對車臣穆斯林採取強

硬態度；中共內部也有不少穆斯林族群；日本是不可忽視的大國，且與美國關係密切。因此上述國家對反恐政策都有一致的看法，認為有必要共同對抗恐怖主義者。

21 世紀強權政治的展望

▌中共的崛起

1971 年 10 月，中共取代中華民國在聯合國安理會常任理事國的席次，等到鄧小平 (1904–1997) 於 1978 年實行改革開放，經濟發展因而突飛猛進，國力大幅提升，成為同時具備軍事、經濟實力的大國。

2010 年起，中共超越日本成為世界第二大經濟體，2015 年正式推出「一帶一路」，「一帶」指「絲綢之路經濟帶」，「一路」指「21 世紀海上絲綢之路」，範圍涵蓋東南亞、南亞、中東、北非、歐洲。而中共近 10 年財富急遽增加，紛紛在海外併吞大企業，且以民族主義

口號來促進國內政治的團結，使得美國認定中共帶有極權專政色彩，歐美國家設法排除中資的進入，例如 2016 年，德國撤回中共福建宏芯基金收購德國半導體設備製造商愛思強 (Aixtron) 所發行的通行證。2018 年 3 月，美國總統川普 (Donald Trump, 1946–) 簽署備忘錄，向中共進口的商品徵收關稅，作為中共對美國智慧財產權侵犯的反擊，涉及的貿易總額達 600 億美元。同年七月，又對價值 340 億美元的商品加徵 25% 關稅，中共亦對美國進口的商品加徵關稅，此中美貿易戰正如火如荼展開。

▌全球化與強權政治

列強爭霸不僅表現在軍事戰場上，1980 年代起全球化席捲全球。

註解 ❸ 在美、英、法、俄等國聯手攻擊下，伊斯蘭國在 2018 年年中的勢力範圍，僅剩 2014 年全盛期的 10% 不到。

國際貨幣基金組織定義全球化是：「貿易和國際往來、資本與投資的流動、人口流動、知識的傳播」。跨國公司崛起讓經濟全球化的趨勢更銳不可擋，經濟全球化必然伴隨著金融全球化，成為影響各國經濟發展的重要因素。所以列強的國際爭霸，亦與其布局全球的經濟發展、研發高科技產業有關。其中從半導體產業到人工智慧 (Artificial Intelligence, AI) 的研發，身為全球唯一超級大國的美國，自然是一直走在前端。

可是人類當今所面臨共同的問題，諸如氣候異常、嚴重生態破壞、人口爆炸、愛滋病、恐怖主義盛行、毒品氾濫、難民遷徙等都是跨越國界的難題。進入 21 世紀後，強權在國際間爭霸的同時，勢必得面對與解決這些問題。

我 思 ╳ 我 想

1 ▶ 請說明二次大戰後美國和蘇聯爆發冷戰的原因。

2 ▶ 請說明二次大戰後意識形態在世界政治兩極化中扮演的角色。

3 ▶ 請說明蘇聯解體的原因。

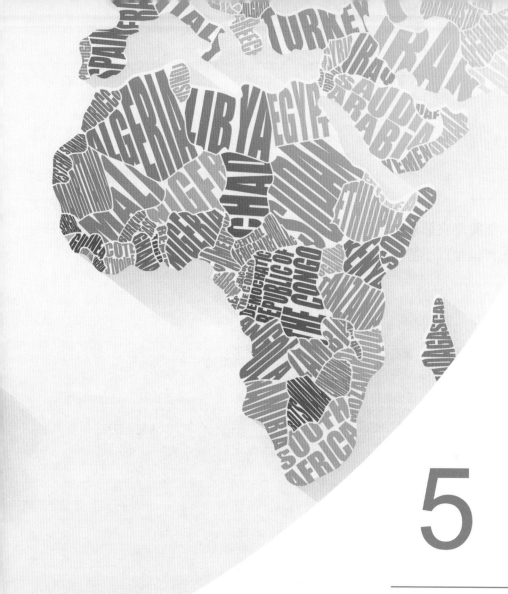

5

小國的外交策略
——以拉丁美洲的外交關係演變為例

文／陳小雀

前　言

無論是夾縫求生、抑或左右逢源，無論是以小博大、抑或光榮孤立，小國外交是一門藝術，成功的關鍵除了領導人必需具備智慧與手腕之外，還得善用各種槓桿效益，有時甚至需要機會與運氣。

圖 5-1　中南美洲的主要國家

亞洲多國或曾淪為歐洲殖民地、或曾遭美國軍事干預，進而反歐美霸權主義，於是在冷戰時期興起「中立主義」，並有所謂的「不結盟運動」，不與美、蘇任何一方結盟的外交策略。同樣，遭歐洲瓜分的非洲國家也陸續在二次大戰後獨立，加入不結盟國家組織，並採親中國政策。

「拉丁美洲」❶亦反美國帝國主義，但相較之下，缺少了機會與運氣。

在談拉丁美洲之前，先解釋何謂小國？若以土地面積、人口數、或經濟發展力來論，瓜地馬拉、尼加拉瓜、薩爾瓦多、宏都拉斯、哥斯大黎加、多明尼加、古巴、巴拿馬、厄瓜多、玻利維亞、巴拉圭、烏拉圭等的確是拉丁美洲的小國，巴西、阿根廷、墨西哥、祕魯、哥倫比亞、智利則相對是區域內的大國。至於委內瑞拉，是全球第11大產油國，看似大國，然而近年經濟蕭條，瀕臨破產邊緣，完全喪失影響力。若與美俄等國家相較之下，有1億多人口的墨西哥，或位居全球第七大經濟體的巴西，也算是小國，更遑論哥倫比亞、阿根廷、智利等。

在冷戰時期，除了古巴投靠蘇聯之外，其他拉美國家則被迫向美國靠攏，成為美國的「附庸國」，拉丁美洲因而被戲稱為美國的「後院」，不容其他國家染指。事實上，「拉丁美洲」一詞蘊藏次等地位與負面含意，烏拉圭作家愛德華多·加萊亞諾 (Eduardo Galeano, 1940–2015) 就曾無奈地表示：「我們甚

註 ❶ 在西、葡殖民時期，此地被稱為「伊
解　　比利美洲」，若只指西班牙的殖民地
　　　則為「西語美洲」或「西屬美洲」，
　　　從這些名詞即可窺見其次等地位。美
　　　墨戰爭 (1846–1848) 之後，學者以「拉
　　　丁美洲」這個詞來稱呼墨西哥以南的
　　　西語美洲及葡語系的巴西，對照美國
　　　那個日益強大的「盎格魯撒克遜美
　　　洲」。

圖 5-2　愛德華多・加萊亞諾

至失去被稱作美洲人的權利……今日對世界而言，美洲就是美國，我們充其量只是居住在一個身分模糊的美洲次大陸，一個二等美洲的居民。」

　　與美國同處一個大陸上，與歐、亞、非遙遙相隔，拉丁美洲處處受制於美國這個惡鄰居，多次遭美國干預內政，甚至遭美國以維護美洲區域安全為由派兵入侵。換言之，拉丁美洲發揮不了地理優勢，善用外交槓桿原理，再加上本身國力不強，難有外交作為，不易在國際政治舞臺發揮影響。借用墨西哥人流傳的名言：「可憐的墨西哥！距上帝太遠，但離美國太近。」說明為何機會與運氣均不站在拉丁美洲那邊。

　　在國際關係領域中，拉丁美洲一直是被忽略的議題，因此本章以拉丁美洲為主角，綜觀其外交關係演變。拉丁美洲地大物博，各國竟在動盪貧窮中載沉載浮，成為名副其實的小國，這其中原委得從殖民拓展史談起。拉美各國獨立後，其對外關係著重在鄰國之間的角力，因而嚴重折損彼此的國力，使歐美霸權主義得以滲透。從美國對拉美的外交政策、冷戰時期的美拉關係，看到弱國無外交的悲哀。隨著 21 世紀到來，拉美國家從歷史中學到寶貴的一課，終於確立自己的外交政策，不再一味依附美國。

仰人鼻息，身不由己

16世紀，自從西班牙帝國在美洲上建立第一個殖民地後，即以經濟利益為前提，擬定拓殖政策，從美洲殖民地獲取大量財富，供西班牙帝國在歐洲的戰爭開銷，或在亞、非擴張勢力的花費。此外，西班牙為了獨占美洲的經濟利益，嚴防其殖民地與葡萄牙、英國、法國等歐洲國家有貿易往來。在此殖民政策下，西屬美洲成為宗主國的原物料供應地。

初期，甘蔗是殖民地最重要的經濟命脈，因而發展出莊園制，大量種植甘蔗。爾後隨著國際市場的需求，又投入橡膠、可可、咖啡等經濟作物的種植。在礦產方面，美

圖 5-3 歐美兩洲的貿易交流

洲蘊藏豐富的金、銀、銅、錫、鋅等礦產；其中，銀在 16 至 18 世紀期間，乃西屬美洲最重要的礦產之一，由墨西哥所鑄造的銀幣流通全球，是當時國際上最受歡迎的銀元。白銀不斷從西屬美洲流出，然而所出口的白銀，其價值比進口值大 4 倍（鉅額入超），西班牙帝國大肆揮霍美洲殖民地的財富。

同樣，巴西淪為葡萄牙殖民地之後，經濟價值極高的巴西紅木遭濫砍，瀕臨絕種危機，致使巴西紅木經濟崩解，葡萄牙王室於是實施莊園制，拓殖巴西，開啟以農業為主的經濟活動。到了 17 世紀末，巴西因蔗糖、棉花和菸草這三項熱帶作物而成為富庶之地，同時也因在東南部發現黃金和鑽石，而進入輝煌時期。1703 年，葡萄牙與英國簽訂《梅休因條約》(*Methuen Treaty*)，這紙條約是歐洲外交史中條文最少的條約，英國藉這紙條約以糧食、紡織品換取巴西的黃金，

圖 5-4　殖民者大量砍伐巴西紅木

導致巴西大量財富外流。一言以蔽之，巴西以黃金換來了貧窮。18 世紀末，巴西引進咖啡作物，隨著世界各地咖啡消費量的大幅成長，巴西咖啡種植業也跟著蓬勃發展，不過巴西人仍一貧如洗。

在宗主國的控制下，西、葡殖民地對外關係只能依賴宗主國，受

盡經濟剝削，終究爆發獨立運動。

　　1807年，拿破崙 (Napoleon Bonaparte, 1769–1821) 藉一紙西、法協議，取道西班牙入侵葡萄牙，翌年葡萄牙王室避難巴西。1809 年，美國與巴西建交，巴西成為第一個與美國有正式外交關係的拉美國家。1815 年，葡萄牙形式上為了給予巴西同等地位，而改國號為「葡萄牙—巴西—阿爾加維斯聯合王國」(Reino Unido de Portugal, Brasil e Algarves)。1821 年，葡王返回里斯本，王子佩德羅 (Dom Pedro, 1798–1834) 留在巴西擔任攝政王，卻於隔年宣布獨立，建立巴西帝國，即佩德羅一世。1831 年，佩德羅一世退位，返回葡萄牙，將巴西王位留給年僅 5 歲的兒子佩德羅二世 (Pedro

圖 5-5　巴西帝國佩德羅一世加冕典禮

II, 1825–1891)。1889 年，軍人發起共和革命，佩德羅二世遭流放，結束帝制，建立巴西共和國。

在西屬美洲方面，1808 年，法軍藉侵占葡萄牙之際，也一併占領西班牙，拿破崙扶植其兄為新任西班牙國王。法國入侵一事，促使西屬美洲群起對舊西班牙皇室表達效忠，拒絕承認新國王而於 1810 年吹起獨立戰爭的號角。雖然舊西班牙國王後來於 1814 年復位，但此一效忠王室之舉，卻演變為西屬美洲爭取政治及經濟解放的獨立運動。

一個個「共和國」獨立自主後，就步上康莊大道了嗎？在外交上能有所作為嗎？巴西在百餘年間不斷重演軍人政變、軍事獨裁、政治鬥爭等老戲碼。西語美洲的政局也同樣不穩，各國陷入保守派與自由派之間的政爭，也為了實施中央集權、或地方分權而爭執不已，不僅內戰不斷，又頻頻挑釁鄰國。

鷸蚌相爭，漁翁得利

獨立之後，西語美洲確實擬定外交策略，亦即組成共和國聯盟，而這正是解放者玻利瓦爾 (Simón Bolívar, 1783–1830) 的理想，孰知，區域團結策略卻流於空談。

西語美洲各國彼此猜忌，分崩離析。1810 年，「拉布拉他聯合省」（又稱南美洲聯合省，Provincias

圖 5–6　玻利瓦爾

Unidas del Río de la Plata，1810–
1831）獨立，隔年巴拉圭即脫離聯
合省自立門戶，接著烏拉圭也脫離。
1819 年，玻利瓦爾建立哥倫比亞共
和國；1822 年，哥倫比亞與委內瑞
拉、厄瓜多共同組成大哥倫比亞共
和國 (Gran Colombia)❷。不過好景
不常，委內瑞拉於 1829 年脫離，厄
瓜多也跟著在 1830 年分離。同樣情
形也發生在墨西哥，墨西哥於 1821
年獨立，翌年中美洲地區併入墨西
哥，但不到一年光景，便脫離墨西
哥，自立為「中美洲聯邦」(Estados
Federados del Centro de América,
1823–1824)，後來易名為「中美洲
聯邦共和國」(República Federal de
Centro América, 1824–1839)，但 仍
難逃崩解的命運，分裂成瓜地馬拉、
薩爾瓦多、宏都拉斯、尼加拉瓜、
哥斯大黎加五國。

各國主政者野心勃勃，只經營
己身利益，對國際體系影響力不足，
缺乏外交自主性，無法在國際舞臺
上有所表現。更為甚者，西屬美洲
各行政區之間疆界不清，埋下日後
兄弟鬩牆的種子，彼此因經濟利益、
莫名細故而大動干戈，歐美國家於
是趁虛而入。

巴拉圭獨立後，歷經 26 年的
鎖國政策 (1814–1840)，經濟在光榮

圖 5–7　中美洲聯邦共和國──今日已分別獨立
為瓜地馬拉、薩爾瓦多、宏都拉斯、尼加拉瓜、
哥斯大黎加、墨西哥東部地區。

註　❷大哥倫比亞包含今日的哥倫比亞、厄
解　　瓜多、委內瑞拉與巴拿馬。大哥倫比
　　　亞分裂後，美國分別於 1832 年、1835
　　　年、1836 年承認哥倫比亞、委內瑞拉
　　　與厄瓜多。巴拿馬於 1903 年在美國的
　　　慫恿下，脫離哥倫比亞。

孤立中蓬勃發展，總統索拉諾・羅培茲 (Francisco Solano López, 1827–1870) 繼任後，意圖擴張領土，卻引發巴西、阿根廷和烏拉圭不滿，於是組成三國聯軍，並獲得英國倫敦銀行 (London Bank)、霸菱兄弟銀行 (Baring Brothers Bank)、羅斯柴爾德銀行 (Rothschild Bank) 的貸款，一同對付巴拉圭，戰火持續了 6 年 (1864–1870)，約 50 萬名巴拉圭人犧牲，以巴拉圭總統索拉諾・羅培茲戰死才收場。當然，英國商人、銀行家從中獲利，參戰國反蒙受其害。

1879 至 1883 年，智利覬覦太平洋沿岸的硝石利益，因而挑起太平洋戰爭（Guerra del Pacífico，又稱硝石戰爭），向祕魯和玻利維亞宣戰，最後祕魯損失了大片的硝石產區，玻利維亞也被迫割讓唯一濱臨太平洋的省分給智利。就在太平洋戰爭進行得如火如荼時，英國投機客大量購買暴跌的硝石礦債券，戰爭結束後，有一半的債券握在英國人手中，戰勝國智利完全沒得到好處。

看著西語美洲兄弟鬩牆，歐美國家甚至暗地鼓動戰爭，從中攫取更多利益，最有名的例子，就是發生於 1932 至 1935 年間的大廈谷戰爭 (Guerra del Chaco)。英荷殼牌石油公司 (Royal Dutch Shell) 唆使巴拉

圭，而美國美孚石油公司 (Standard Oil) 則資助玻利維亞，讓這兩個美洲最貧窮的國家，為了邊界廈谷 (Chaco) 地區蘊藏石油而相互殘殺。結果玻利維亞戰敗，犧牲了 6 萬名軍民且喪失廈谷三分之二的土地。巴拉圭雖然獲勝，但死亡人數逾 4 萬。雙方皆付出昂貴代價，瀕臨破產邊緣，被迫大開門戶，任由歐美企業予取予求。

此外，宏都拉斯大戰薩爾瓦多、玻利維亞與阿根廷不睦、巴西對玻利維亞叫囂、厄瓜多與祕魯交惡……這段時期，西語美洲缺乏區域外交理念，不惜撕裂了兄弟友邦血濃於水的民族情愫，造成各國邊界紛擾頻仍。

歐美國家的霸權主義

19 世紀初，西班牙式微之後，英國趁虛而入，從西語美洲取得礦區租讓權，並為剛獨立的新興國家發行公債，藉貸款之際，獲得政治與經濟的特權。在西班牙方面，雖然已喪失美洲大部分的殖民地，卻仍守著多明尼加、古巴與波多黎各，並有意協同神聖同盟恢復在美洲的統治權，令新興國家相當不安。此

圖 5-9　硝石戰爭後的領土變化——圖中格線範圍為智利從祕魯、玻利維亞手中取得的新領土，而玻利維亞失去海岸線，全然變成內陸國。

時新興國家的外交政策為：防範西班牙捲土重來、抵制其他歐洲國家入侵、尋求美國的支持。

美國政府對西語美洲的獨立運動保持曖昧態度，一方面不想與西班牙交惡，但又擔心神聖同盟入侵西語美洲，妨礙美國在西語美洲的布局。另一方面，美國則希望藉機滲透西班牙殖民地，於是暗中援助獨立分子。待西班牙割讓佛羅里達予美國之後，以及各地獨立態勢明朗後，美國才於 1822 年起陸續與智利、祕魯、大哥倫比亞、墨西哥、阿根廷等國建立外交關係 ❸。

西班牙、英國、美國對西語美洲各有盤算。在此歷史背景下，美國門羅總統於 1823 年發表《門羅宣言》，以「美洲是美洲人的美洲」為由，支持西語美洲的獨立運動，反對歐洲列強干預西語美洲。《門羅宣言》反映出美國對美洲的野心，並逐漸發展成「門羅主義」，衍生為爾後對拉丁美洲的外交政策。

與歐洲列強相較之下，19 世紀中葉的美國國力不強，導致《門羅宣言》的實質作用不大。1825 年，法國入侵墨西哥，墨西哥求助於美國，美國卻置之不理 ❹。1826 年，美洲大陸會議於巴拿馬舉行，與會國家有大哥倫比亞、祕魯、中美洲聯邦與墨西哥，美國代表則姍姍來遲；各國在美洲大陸會議上除了強調「團結」之外，並擬定共同軍事防禦合作，以確保西語美洲國家的獨立。然而這些協定儼然虛設，不僅墨西哥有難，美國沒伸出援手，類似情形也發生在智利、阿根廷、瓜地馬拉、宏都拉斯等國，當這些國家遭歐洲列強染指時，美國都遠離是非。

19 世紀中葉後，隨著美國國力增強，《門羅宣言》被視為可以任意干預美洲的基礎。首先，美國將目標放在鄰國墨西哥，慫恿德克薩斯州脫離墨西哥，再將之併入，成為美國第 28 州。美墨雙方因德克

圖 5-10　法墨糕點戰爭 (Pastry War)——1838 年底，一間位於墨西哥由法國僑民開設的甜點店遭洗劫，法國據此向墨西哥索討鉅額賠償，遭墨西哥拒絕後，法國派遣戰艦砲轟墨西哥，迫使墨西哥支付賠償。這場戰爭又被稱為「糕點戰爭」。戰爭期間，美國未因發表《門羅宣言》而遣責法國或支援墨西哥，只在旁隔岸觀火。

薩斯事件而於 1846 年爆發戰爭，墨西哥大敗，邊境失守，美國軍隊長驅直入攻進墨西哥城，墨西哥政府只好求和，簽下《瓜達露佩—伊達爾戈條約》(Tratado de Guadalupe Hidalgo)，墨西哥不僅永久喪失德克薩斯，割讓上加利福尼亞、亞利桑那、新墨西哥、懷俄明、科羅拉多、猶他、內華達等地，僅獲得美國 1,825 萬美元作為補償。

註解 ❸ 美國發表《門羅宣言》後，又與烏拉圭 (1824)、玻利維亞 (1848)、多明尼加 (1866) 等國建交。

❹ 1825 年，法軍集結於其海外省馬丁尼克 (Martinique)，墨西哥請求美國協助防衛，美國卻置之不理。

圖 5–11　美墨戰爭 (1846–1848) 後的領土變化─圖中可見墨西哥割讓大片領土（粉紅色區域），而中央灰色區域，為美國於 1853 年以 1,000 萬美元購得。

美國的野心不只於此，接著一場美西戰爭（1898 年）讓西班牙一敗塗地，而拱手將古巴讓給美國，同時割讓波多黎各、關島、菲律賓。美國終於有機會託管古巴 3 年，雙方並簽定《柏拉特修正案》(Platt Amendment)，美國因而得以永久租借古巴第三大港關塔那摩 (Guantánamo)，建立一個占地 78 平方公里、海域 39 平方公里的軍事基地，就近箝制拉丁美洲。

美國對拉丁美洲的外交政策

美西戰爭後，門羅主義演變成霸權主義。1903 年，受到美國的鼓吹，巴拿馬脫離哥倫比亞而獨立，美國登堂入室，取代法國投入運河開鑿工程 ❺。美國在運河開鑿成功後，即控制運河營運權，並將運河區規劃為美國屬地 ❻。為了箝制拉

註解 ❺ 法國外交官菲迪南‧德‧雷賽布 (Ferdinand de Lesseps, 1805–1894) 因成功參與蘇伊士運河工程，而計畫開鑿巴拿馬運河，並於 1880 年風光動工。然而巴拿馬瘧疾、黃熱病猖獗，奪走兩萬餘名工人性命，造成工程延宕，主持工程的法國公司破產，而計畫終止。

❻ 根據美、巴於 1903 年所簽訂的合約，巴拿馬運河屬於美國的財產。美國為了確保運河控制權，以運河中心線向兩側各延伸 8.1 公里，劃成運河區，為美國屬地，總面積 1,380.5 平方公里。運河區總督由美國任命，懸掛美國國旗，巴拿馬人不得進入運河區。為了捍衛國家主權，而爆發多次流血抗爭。運河區自 1980 至 1999 年間改由美、巴共管，最後於 1999 年才連同運河一併歸還巴拿馬。

圖 5-12 老羅斯福與他的和平鴿戰艦——老羅斯福的巨棒外交，仰賴的是強大的海軍戰艦。

美地區，老羅斯福總統提出「巨棒外交」(Big Stick Diplomacy)，扮演拉美國家的「保護人」，並藉武力維護拉美秩序，多次出兵巴拿馬、多明尼加、古巴、尼加拉瓜等國。巨棒政策引起拉美人民的強烈反抗，繼任總統塔夫脫 (William Howard Taft, 1857–1930) 於是改變政策，以「金元外交」(Dollar Diplomacy)❼繼續變相剝削拉丁美洲，將拉美國家納為美國的附庸國。

第一次世界大戰 (1914–1918) 之

前，跨國企業挾帶大量資金進駐拉丁美洲，在自由主義的經濟政策下，拉丁美洲依舊是原料供應地，只是剝削者從西、葡宗主國變成歐美企業。美國勢力主要在墨西哥、中美洲與加勒比海地區，英國在南美洲

註解 ❼「金元外交」即美國大量投資拉美地區的低經濟開發國家，並供給高額貸款。美國藉「金元外交」，不僅從這些國家獲得極高經濟利益，同時藉機以武力干涉拉美國家的政治與經濟。

的勢力遙遙領先美國，德國亦於南美洲占有一席之地。

第一次世界大戰期間，由於美國對德國宣戰，巴西、海地、古巴、哥斯大黎加、瓜地馬拉、宏都拉斯、尼加拉瓜和巴拿馬，亦在名義上跟隨美國向德國宣戰；多明尼加、厄瓜多、祕魯、玻利維亞和烏拉圭雖然未參戰，但與德國斷交；墨西哥、薩爾瓦多、哥倫比亞、委內瑞拉、阿根廷、智利則保持中立。在美國的排擠下，英、德在拉丁美洲的勢力漸漸消失，由於拉美各國對外政策依舊缺乏獨立性，處處受到美國牽制。

第一次世界大戰結束後，拉美各國在政治與經濟更加依賴美國。例如：古巴的製糖業全由美國法蘭西斯科糖業公司 (Francisco Sugar Co.) 所控制。美國聯合水果公司 (United Fruit Company) 壟斷拉美多國的香蕉生產，這家水果公司並非普通企業，而是一個富可敵國的

超級公司，堪稱國家中的國家，旗下擁有數家鐵路公司、船運公司、郵遞公司和電力公司，也是廣袤土地、海關碼頭的所有權人。美國企業帕斯科礦產公司 (Cerro de Pasco Corporation) 壟斷祕魯的礦產。美孚石油公司在哥倫比亞取代英國皮爾遜父子公司 (Pearson)。福特汽車公司 (Ford Motor Company) 控制了巴西的橡膠生產。

因「金元外交」引發拉美各國不滿。1933 年，小羅斯福總統為了緩和拉美各國的反美情緒，提出「睦鄰政策」(Good Neighbor Policy)，主張不再以武力干預拉美各國，一旦有必要干涉的話，那將是美洲的全體行動，並非美國單方面的意願。雖然「睦鄰政策」改善了美國與拉美各國之間的關係，但仍未改變美國左右拉美各國的事實。表面上，美國不以武力干預拉美內政，卻暗中顛覆有反美傾向的政府，1934 年被迫下臺的古巴總統格勞・聖馬丁

(Ramón Grau San Martín, 1881–1969)
即為一例 ❽。另外，美國也不容具
有民族主義色彩的反對黨領袖存在，
尼加拉瓜的桑定諾 (Augusto Nicolás
Calderón Sandino, 1895–1934) 則 為
另一例 ❾。

冷戰時期的美、拉關係

第二次世界大戰期間，拉美國
家起初保持中立，後來美國參戰，
並以「睦鄰政策」聯合拉美國家，
共同抵制德、義、日軸心國。戰後，
歐洲國家在拉美地區的勢力幾乎消
退，美國確立在拉美的霸權地位，
視拉丁美洲為美國的後院。

美國為了就近監視南北美洲，
於 1946 年在巴拿馬運河區設立「美
洲學院」(Escuela de las Américas)，
那是一所名副其實的酷刑實驗室，
培訓拉丁美洲軍官如何緝捕「顛覆
分子」，並傳授審問和逼供技巧。
1950 年代以降，以反共為名的麥卡
錫主義 (McCarthyism)，從美國延燒

至拉美地區。拉美國家成為美國最
堅貞的盟友，在冷戰期間共同對抗
蘇聯，並以美洲區域安全為由，共
同抑制共產思想。瓜地馬拉首當其
衝，曾擁有 10 年穩定的民主政治，
卻因土地改革，危及美國聯合水果
公司利益，美國以瓜地馬拉遭赤化
為由，於 1954 年支持叛軍政變，瓜
地馬拉因而陷入內戰 30 餘年。在薩
爾瓦多、尼加拉瓜等中美洲國家，
共產主義分子紛紛被逮捕、甚至遭
處決，激起共產主義分子改以游擊
戰對抗親美政府。

圖 5–13　訪美的卡斯楚——卡斯楚曾在 1959 年初訪美，會晤副總統尼克森等政要，未料兩國卻在不久後日漸交惡。

改寫古巴歷史，同時危及了美國利益。1960 年 5 月，美國宣布停止購買古巴的蔗糖，不再提供古巴原油及一切經濟援助，禁止美國企業及其海外分公司出售食品、藥品、機械設備及零件等給古巴，對古巴實施全面的貿易禁運。1961 年 1 月，美、古斷交；同年 4 月，美國策動一支反革命部隊，意圖推翻卡楚斯，卻不幸敗北，令美國政府臉上無光，史稱「豬灣事件」。1962 年，美、古劍拔弩張，古巴於是投靠蘇聯，也拉攏中共，並與東歐共產國家建立關係。1964 年，在美國的運作下，拉美國家陸續與古巴斷交。遭美國禁運的古巴，以革命輸出和醫療外交，為自己爭取外交空間。

1956 年，卡斯楚率領一支游擊隊，從墨西哥返回古巴進行大革命。1959 年 1 月，卡斯楚成功推翻親美政權。革命勝利之初，美、古尚未交惡，卡斯楚還曾率團赴美訪問；但是，為了改善古巴經濟，卡斯楚進行社會改革和國有化政策，意外

1960 年代晚期，拉美學者提出「依賴理論」(Dependency Theory)，指責歐美國家以「不對等的交換」，造成拉美各國陷入「邊陲國家」與「低度開發」的情境，因此呼籲政府應積極發展民族工業，保護本國

工業，讓拉丁美洲在國際貿易中得以平等互惠。換言之，「依賴理論」挑戰「歐美中心論」，喚醒拉美各國重建國際經濟新秩序的迫切性。

1970 年代，基於血濃於水的民族情愫，拉美國家陸續與古巴恢復邦交。然而巴拉圭、玻利維亞、烏拉圭、阿根廷、智利、巴西等國，在當時美國國務卿季辛吉 (Henry Kissinger, 1923–) 的策劃下，配合美

圖 5–14　阿根廷骯髒戰爭 (Dirty War) 受難者——阿根廷響應禿鷹行動後，在 1976 年至 1983 年間進行大規模整肅政治異議者行動，造成約上萬名民眾下落不明，史稱「骯髒戰爭」。

國的反共政策，共同執行「禿鷹行動」(Operation Condor)，互換情資，防範左派勢力死灰復燃。「禿鷹行動」成為軍政府實施軍事獨裁與殘害人權的藉口。

冷戰時期，除了古巴之外，拉美國家在政治上受制於美國，對外政策幾乎奉行美國旨意，在聯合國等國際組織中，成為美國的「表決機器」。為了「反共」，超過30萬的中美洲人死於內戰；在南美洲，約4萬人失蹤，5萬人遇害，50萬人受到監禁與酷刑。

1980年代以降，拉美國家紛紛回歸民主制度，不再一味聽命於美國，努力尋求中美地區的和平。1982年，墨西哥宣布無力償還所積欠的800億美金債務，此舉引發模仿效應，拉美國家陸續表示無力償還外債，要求西方及國際基金組織提供援助，史稱「拉美債務危機」。1989年，美國以解決危機為由，主張「華盛頓共識」(Washington Consensus) 的新自由經濟政策，該政策即標榜政府不再干預企業營運、取消對外資企業的各種限制、開放國營企業民營化等，導致拉美社會不公、貧困問題加劇，間接促使左派勢力抬頭，開啟區域外交合作的新契機。

21世紀的拉美外交政策

1990年以降，拉美國家紛紛告別游擊戰、結束軍政府，努力邁向民主改革之路，導正自獨立以來即被扭曲變形的社會，並順應全球化的經濟潮流，在外交策略上採團結合作，透過區域經濟整合，促進經濟發展。例如：美國、墨西哥和加拿大共組《北美自由貿易協定》(North American Free Trade Agreement, NAFTA)；15個加勒比海國家組成加勒比共同體 (Comunidad del Caribe)；貝里斯、哥斯大黎加、多明尼加、瓜地馬拉、宏都拉斯、尼加拉瓜、巴拿馬、薩

爾瓦多組成中美洲統合體 (Sistema de la Integración Centroamericana)；祕魯、玻利維亞、厄瓜多、哥倫比亞4個南美洲國家組成安第斯共同體 (Comunidad Andina)；南方共同市場 (Mercado Común del Sur) 有阿根廷、巴西、巴拉圭、烏拉圭、委內瑞拉5個會員國，以及玻利維亞、智利、哥倫比亞、厄瓜多、祕魯等夥伴國。拉美兄弟友邦除了加強彼此合作之外，亦積極拓展與歐盟、亞太、非洲之間的關係。

蘇聯解體後，古巴一度孤立無援。此外，在古裔美國人的運作下，美國國會通過了1992年的《古巴民主法》(*Torricelli Law / Cuban Democracy Act*) 與1996年的《赫爾姆斯—伯頓法》(*Helms-Burton Act / Cuban Liberty and Democratic Solidarity Act*)，持續對古巴進行經濟制裁。然而古巴的威力實在不容小覷，這個彈丸小國努力爭取國際社會的支持，曾當選聯合國安理會非常任理事國，也加入加勒比國家聯盟 (Association of Caribbran States)、世界貿易組織等，更重返美洲國家組織。

拉美各國與美國之間的關係也在21世紀有所改善，只是在毒品、非法移民等議題，依舊有歧見。由於小布希政府 (2001–2009) 將外交重心放在中東，而忽略拉美國家政局變化，導致美國對拉美影響力銳減，左派勢力因而有機會重返政壇。

圖5–15　中南美洲的重要經貿組織

2006 年，恰好有 11 個拉美國家舉行總統大選，左派與中間偏左派政黨紛紛勝出，促使左派政治版圖占拉美總面積達 80%，寫下極具意義的歷史扉頁，而有所謂的「粉紅浪潮」(Pink Tide) 之稱 ❿。

21 世紀的拉美左派，不同於二次大戰前的傳統左派，也與冷戰時期的左派迥異。拉美左派政府將貧富懸殊問題歸咎於由「華盛頓共識」所主導的新自由經濟政策，批評美國藉國際貨幣基金組織、世界銀行、美洲開發銀行干預拉美經濟。彼時的委內瑞拉總統查維茲 (Hugo Chávez, 1954–2013)、阿根廷總統基什內爾 (Néstor Carlos Kirchner, 1950–2010) 和巴西總統魯拉 (Luiz Inácio Lula da Silva, 1945–)，一度相當風光，利用美洲國家高峰會 (Summita of Americas) 等場合，頻頻挑釁美國總統小布希。

拉美左派政府意圖改善貧窮問題，縮小窮人和富人之間的差距，顧及醫療、教育、住房、就業、工資、婦女權益、老人照護等社會福利，也積極投入基礎建設與經濟發展。另外在媒體方面，仿傚卡達半島電視臺 (AI Jazeera)，委內瑞拉媒體在政府的支持下，於 2005 年成立南方電視臺 (La Nueva Televisora del Sur)，不再受 CNN 等媒體的壟斷，

圖 5–16　委內瑞拉總統查維茲──查維茲執政期間 (1999–2013) 施行社會主義政策，成為「粉紅浪潮」中的代表人物。

而以自己的拉美觀點，用英、西、葡文，24小時向國際社會傳遞拉美心聲，報導真實的拉丁美洲。南方電視臺的媒體外交策略十分成功，並受到古巴、玻利維亞、尼加拉瓜、烏拉圭四國政府的支持而共同經營。

今日，左派政府備受挑戰而日益式微。不過，仍有如古巴、尼加拉瓜、厄瓜多、委內瑞拉、玻利維亞等一些象徵性的左翼政府，讓「粉紅浪潮」不至於完全褪色。

結　語

在拉美國家中，古巴堪稱最善於外交政策。美、古交惡之際，古巴利用其戰略位置及美、蘇對峙情勢，讓蘇聯在古巴境內布署中程飛彈對準美國，即眾所矚目的「古巴飛彈危機」。最後美、蘇私下協議撤除飛彈基地，條件之一是美國允諾不入侵古巴。古巴藉外交槓桿而贏得「反美」典範，卻換來逾半世紀的禁運處置。其中，美、古在交惡逾半世紀後，終於在2014年破冰，雖然美國至今仍未解除古巴禁運，美、古關係正常化尚有一步之遙，就在兩國恩怨看似有機會化解之際，川普上任後卻再度陷入僵局，接著又因神祕聲波攻擊事件 ❶，導致美方召回部分外交人員，同時也告誡美國公民別赴古巴旅遊，以免危害健康。即便目前古巴領導人已非「卡斯楚家族」成員，但蕭規曹隨，未來美、古關係變化，仍受國際矚目。

在「粉紅浪潮」席捲拉美之際，國際媒體紛紛形容「美國的後院」著火了，而小布希又將外交重心專注於中東地區，接著歐巴馬 (Barack

註解 ❶ 紅色為共產主義國家的代表色，而拉美各國這一波由左派組成的政府，其政策、意識形態均較傳統共產主義國家溫和，因此政治學者以淡紅色（粉紅色）來代稱這一浪潮。

❶ 2017年10月，美國宣稱古巴政府利用聲波武器攻擊美駐古巴大使館，造成22名職員聽力、精神受損。但美國缺乏證據，整起事件成為懸案。

Obama, 1961–) 以「重返亞洲」為外交戰略，讓中共以經濟為外交手段，挾帶雄厚資金趁機進入「美國的後院」。如今，中共係拉丁美洲第二大貿易夥伴，僅次於美國，而中共企業在拉丁美洲的投資，從傳統的採礦業擴展到運輸、電力、資訊、光纖、金融、服務業和可替代能源等。中共躍升為拉丁美洲第一大貿易夥伴，已是指日可待。至於拉美國家方面，似乎不太擔心中共將會是另一霸權，無不希望藉中共制衡美國，同時振興經濟。

自從 2013 年中共國家主席習近平 (1953–) 上任以來，已赴拉丁美洲進行 3 次訪問，並在 2015 年承諾未來 10 年對拉丁美洲投資 2,500 億美元。再者，中共所倡議的「一帶一路」，雖然拉丁美洲與加勒比海地區並未在此框架之內，卻讓墨西哥、厄瓜多、祕魯、智利、阿根廷、巴西等國懷抱夢想，甚至與臺灣有邦交關係的拉美國家也蠢蠢欲動⓬。

圖 5-17　計畫興建的尼加拉瓜大運河——此建設由中共企業出資，但開鑿運河勢必帶來生態危機，引起廣大尼加拉瓜人民普遍不滿，抗議連連。

綜觀拉丁美洲 500 年來的發展，經歷西、葡殖民地與「美國後院」的乖舛命運後，拉美各國民主制度日益成熟，同時對外政策亦逐漸展現強烈自主性，兄弟友邦放下歷史恩怨，除了加強區域團結與整合外，也積極向外拓展關係。一言以蔽之，拉美各國近來在國際舞臺上表現不俗，頗具發展潛力。

我 思 ╳ 我 想

1 ▶ 美國家在獨立建國後，為何無法建立自己的外交政策？

2 ▶ 在拉丁美洲，巴西、阿根廷、墨西哥等國以土地面積而言，堪稱相對大國，為何在外交上難以發揮大國作用？

3 ▶ 美國對拉丁美洲的外交政策為何？

4 ▶ 在美國的制裁下，古巴如何突破外交困境？

註 ⓲ 在哥斯大黎加於 2007 年與臺灣斷交
解　　後，過了 10 年，巴拿馬終於在 2017
　　　年與中共建交，接著多明尼加、薩爾
　　　瓦多於 2018 年相繼與臺灣斷交。

6

世界戰爭
的危機

文／林志龍

戰爭登上歷史舞臺

戰爭是人類組織之間的武力衝突，今日全球各地仍然大小戰事頻繁，可以說世界上幾乎沒有毫無任何戰爭的時候。考古學家已確認遠古部落時期就有武裝衝突，近年來在歐陸發現的青銅器時期人類骨骸有刀傷或箭傷，證實了人類在古代就有以武力解決紛爭的習慣。我們可以瞭解，戰爭勝利的一方除了可以取得更多資源，也可以擁有更大的權力。

圖 6-1　有鈍器傷痕的史前骨骸——東非的納塔魯克 (Nataruk) 發現數十具距今 1 萬年前的人類骨骸，這些骨骸上都有鈍器重擊的傷痕，考古學家判定此處為史前戰場的遺址。

▌古希臘文學中的戰爭

從流傳至今的古代文獻判斷，爭奪資源和擴張生存空間是人類發生衝突的原因，意即爭權奪利是人類使用武力的主因。荷馬（Homer，約西元前 9 世紀）是古希臘時代的詩人，他的史詩《伊里亞德》(Iliad) 敘述希臘人渡海向東進攻位於小亞細亞的特洛伊城，這場戰爭持續 10 年卻無法取勝，希臘人佯裝撤退，留下木馬，士兵藏身其中，特洛伊守軍不知其中有詐而將木馬拖入城內，希臘軍隊便裡應外合地攻陷特洛伊。經過多年的考據，我們相信特洛伊戰爭確實發生過，只是不像文學作品那樣戲劇化，希臘人是為了貿易利益而發動攻擊。結果來自西方的希臘人獲勝，特洛伊不再繁榮，希臘成為該地區的霸主。「木馬屠城」這樣的致勝計策至今仍然讓人們耳熟能詳，也說明古代戰爭絕非只有武力的直接對決，還有奇

圖 6-2　古希臘彩繪上的木馬屠城圖畫

襲、詐降等戰術使用。特洛伊戰爭約發生在西元前 12 世紀，這時人類就因利益衝突而動武，發動橫跨歐亞大陸的戰爭。這種以武力解決利益衝突的方式延續到今日，規模有大有小，像特洛伊戰爭這種跨國大戰一直不少。即使到了今日，特洛伊所在的西亞地區，仍是危機四伏的戰火頻繁之地。

東方與西方的衝突

　　特洛伊戰爭後數百年，東方的

波斯帝國為防止希臘城邦擴張，危害了帝國的穩定，便決定先發制人，向西發動戰爭、侵略希臘，這是早期歷史上另一次東、西方大規模戰爭。希臘城邦面對入侵者，不僅覺得在東方的利益將受到損害，更把波斯人視為不同文化的蠻族。希臘人認為若由波斯戰勝，就會毀滅希臘文明，因此當時希臘內部雖然有雅典與斯巴達相互競爭，各地仍然團結起來，與波斯軍隊決一生死。這場早期的世界大戰，希臘人爭的

圖 6-3　19 世紀畫作中的溫泉關戰役——圖中站立者即是率「三百壯士」力抗波斯大軍的斯巴達國王列奧尼達一世。

不只是自身利益，還有確保文明存續。希臘與波斯當時有完全不同的政治制度與生活方式，波希戰爭便等於兩個世界的對決。斯巴達國王列奧尼達一世 (Leonidas I, 540–480 B.C.) 率領「三百壯士」，在溫泉關之役力抗波斯大軍，使希臘轉危為安。這些英雄是家園的守護者，經由史家傳頌而名垂千古。往後千年，戰爭中不論勝敗，都有英雄事蹟出現，激勵士氣也凝聚社會向心力，甚至成為政治宣傳，使用紀念日與紀念典禮來塑造社會共同的歷史記憶。

▌戰爭是否永無止盡？

戰爭通常以一方勝利告終，戰勝者也會在取得戰果後停止攻擊，也就是說戰爭通常是有限的，無止盡的戰爭在歷史上並不多見。開創

希臘化時代的亞歷山大 (Alexander the Great, 356–323 B.C.)，企圖征服全世界，因此從馬其頓率領軍隊四處征戰。可是亞歷山大忙於戰爭，沒有時間治理征服的土地，他突然去世後，留下的帝國沒有多久就分裂。這種企圖以武力稱霸全球的方式，能否達成目的大有疑問，但利用戰爭製造威脅，達成和談等目的才是人類習慣的方式。從近千年來的人類活動來看，戰爭只是手段，並非永無止境。

世界戰爭的形成與擴大

▌以貴族為作戰主力的中世紀戰爭

發動戰爭是為了讓對手屈服，除了戰術策略，還有部隊士氣等因素，武器裝備也是重要關鍵，所以歷史上戰勝一方不見得都是以多勝少。古代戰爭兵器如鎧甲、刀劍都是非常昂貴，騎士也需要花費時間照顧馬匹和從事訓練。但是有了這些兵器再加上精良的訓練，往往在戰場上有著強大的殺傷力，可以克敵制勝。在戰爭頻繁的中世紀，騎士常因戰功而擁有崇高的社會地位，加上擁有可以使人屈服的武力，進而取得政治權力，還有物質上的利益。中世紀統治者為了爭奪利益發動國際戰爭，不見得有利於人民。這段時間騎士掌握國家大權，各國騎士的對決就等同於國際戰爭。今日歐洲君主制國家的元首在公開場合常穿軍服，男性王族也從軍，是中世紀流傳至今的傳統。雖然騎士到了現代已不再領兵出陣，但頭銜仍是榮譽的象徵，許多國家的勳章仍以「騎士」頭銜命名。

▌軍事革命與經濟發展

歐洲歷史上還有所謂「軍事革命」(Military Revolution)，指的是從16世紀開始，統治者對軍事活動的投資增加，包含武器創新，例如火

藥的使用，還有兵力增加，即常備兵制度的建立等等。但購買武器要花錢，養兵也要發薪水，軍事革命其實加重了國家財政負擔，所以發動戰爭的前提，除了前面提到的利益爭奪、國家存亡之外，也必須衡量國家財政才能為之，中世紀大國法國、西班牙就是因多年爭戰損耗國庫，一度步入衰微。

發動戰爭需要購買武器、發放軍餉，也因此出現靠戰爭發財的商人——軍火商，這些商人不只是買賣武器，還生產軍隊制服等軍需品，或是借錢給財政困難的國家以發動

圖 6-4　中古世紀的騎士比武——騎士必須購置優良器械與馬匹，再加上日以繼夜地訓練，因此家境必須非常富裕。

或應對戰爭。數百年來，全世界有許多這種「死亡商人」遊走各地，只要有可能開戰的地方，總會有他們的身影。這群經手軍事物資的商人，常因大量市場需求和建立起來的政商關係，累積龐大的財富。此外，戰爭也同時提供就業機會，古代的馬其頓、中世紀的瑞士都是資源貧乏之處，當地男性多有從軍傳統，成為發動戰爭國家雇用的兵力來源，也就是所謂的傭兵。因此在19世紀以前，世界戰爭不只是國家與國家間的衝突，還伴隨著如軍火買賣的跨國商業活動，也有大量兵力的流動，意即傭兵的國際移動。

戰爭與領土、領海的概念

15 至 17 世紀的大航海時代，西班牙、葡萄牙等國希望直接與東方貿易，避免受到穆斯林、希臘或義大利商人的控制。如此一來，衝突的場域也由歐陸向外延伸，參與海外擴張的各個國家因海外領土與貿易等糾紛而兵戎相見，引發更多的國際衝突。各國交戰時會在海上追捕敵國商船，任意沒收作為戰利品，往往演變成國際糾紛。加上爭奪漁業等海洋資源，使得一國是否有權宣稱占有海洋，以排除他國使用、漁撈或航行。尤其是最早進行海外擴張的西班牙與葡萄牙，在 15 世紀末大舉擴張海外領土，等同阻止其它國家發展國際貿易的機會，導致與西班牙、葡萄牙競爭的國家自然有所不滿，加上部分有心於發展國際貿易的歐洲國家，是資源不甚豐富的小國，無法長期武力對抗西班

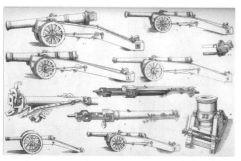

圖 6-5　近代以來的各式大砲 —— 隨著火藥調劑、鑄砲工法以及彈道學等技術革新，大砲口徑、砲彈尺寸、射程不斷進步，成為戰場上最重要的武器。

牙等大國，只能透過學理進行談判，說服各國遵守協議。

所以 17 世紀初期，荷蘭人格魯秀斯提出「海洋自由」的觀念，確立海洋為全世界共有，在世界各國爭奪陸上資源而頻繁戰爭之時，海洋不會因此被強權瓜分。所以格魯秀斯「海洋自由論」奠定了今日「公海 (International Waters)」航行自由的基礎。英國人賽爾登 (John Selden, 1584–1654) 基於軍事目的，提出領

圖 6-6　賽爾登的畫像

海 (Territorial Waters) 的觀念，濱海國家可在周圍海域行使統治權，外國船隻在不妨害秩序、安全以及和平的情形下可以通過。這些論點被各國接受，成為今日「國際公法」和「海洋法」的基本觀念。此後各國商船得以自由航行，帶動國際貿易成長。雖然海戰仍然不可避免，但是航海自由觀念阻卻了你死我活的爭奪。不像爭奪土地的戰爭，世界的陸地可以說是已被瓜分殆盡，而領土糾紛則是永遠難以止息。

戰爭與國家主權、外交活動

中世紀統治者視領土為私有財產，可以用聯姻方式建立非正式的影響力，歐洲的哈布斯堡家族 (House of Habsburg) 即為箇中翹楚 ❶。統治者也可用王位繼承的方式來兼併國土，如 15 世紀亞拉岡和卡斯提爾統治者聯姻，促使兩國統合為西班牙王國。但是戰爭仍然是國家擴張領土的主要方式，20 世紀之前，國家

間若發生爭執，動不動就以戰爭為手段，除了整軍備武之外，很多國家會以遠交近攻，締結攻守同盟等方式來加強實力，近代法國便是用上述手段來擴張國土。除此之外，強權時常以直接干預內政的方式來犧牲小國權益。如 18 世紀，位於俄羅斯與普魯士、奧匈帝國中間的波蘭 3 次遭到瓜分，1795 年終告亡國。兩國交戰，勝者可取得更多領土，敗者就得割讓領土，而世居在這些領土上的老百姓，命運全操之在統治者間的戰爭。中世紀平民無法成為陸上作戰的致勝主力，甚至不會參與戰事，但是生活總會遭到蹂躪、顛沛流離，成為武力衝突下的犧牲品，也是戰爭最大的犧牲者。

1618 年，布拉格（今日捷克首都）的人民反抗哈布斯堡王朝統治，最後演變為長達 30 年的歐洲戰爭，史稱「三十年戰爭」，今日德國多處在當時成為廢墟。1648 年，歐洲各國結束戰爭，簽訂《西發里亞條約》。《西發里亞條約》的最重要成就是確立國家主權，世界由主權國家組成，戰爭為國家發動，非由國家所發動的武裝衝突都是海盜、叛亂等非法行為。主權國家間平日往來構成了今日的外交體制，以武力解決衝突的方式如宣戰、媾和等，就是依「國際公法」及「戰爭法」來進行。

▎民族主義與「人民」的戰爭

《西發里亞條約》也確立國家「對內」的最高權力，當時歐洲統治者很少由人民推選，統治權力常基於宗教或武力。加上國家經過兼併，常由不同語言、文化或宗教的人民構成，這樣的國家在王權高壓

註解 ❶哈布斯堡家族與歐陸各大家族聯姻，自 12 世紀起，家族成員曾擔任十餘個歐洲國家的國王，遍布西、南、中、東歐，甚至遠及墨西哥，其中以奧地利、西班牙哈布斯堡王朝最為顯赫。

統治下，容易發生社會衝突。1789年，法國大革命爆發，帶動政治體制變革，隨後拿破崙率領的法軍橫掃歐洲，戰無不勝，宣稱要把法國的「自由、平等、博愛」精神普及歐洲，但卻使得歐洲各地對法國強加的制度不滿，促成民族主義覺醒。

19世紀是民族主義蓬勃發展的時代，各地民族主義運動用各種方式抵抗異族統治者。如1861年義大利建國，以及1871年德國的創造，也都是使用戰爭為手段，許多國家都為自身利益而牽涉其中。

戰爭型態成為「總體戰」之後，戰場上不再只是貴族與傭兵間的戰鬥，各國紛紛動員全民，讓不少平民進入戰場，民族主義常常是動員全民的口號。自古以來各國多有相互結盟以壯大勢力，民族國家的時代也不例外。除了以利相合之外，「同文同種」成為民族國家合作的理由，也是以強凌弱的藉口。日耳曼民族主義創造德國，斯拉夫民族主義給予俄羅斯擴張理由，俄羅斯

圖6-7　克里米亞戰爭——這場戰役使用大量槍械、大砲，還首度運用電報通訊、鐵甲戰艦等新科技，總傷亡人數高達70萬，這場戰爭被稱為史上第一場「現代戰爭」。

多年以來便以同為斯拉夫民族為由，干預東歐事務，加速鄂圖曼土耳其帝國分裂，也使得奧匈帝國分崩離析。不只是歐洲戰場，18世紀末期開始的中南美洲獨立戰爭，還有1860年代的巴拉圭戰爭，都顯見戰爭規模的擴大。民族主義興起年代的戰爭成為多國長期衝突，最後演變為全球危機。

▋ 人道主義與反戰運動

發生在美國本土的南北戰爭(1861-1865)，讓世人見識新武器（如連發步槍）的威力，也證明科技對於決定戰爭結果日益重要。伴隨技術的進步、新武器的出現，戰爭帶來的傷亡日益增加，如此龐大的戰爭傷亡令人道主義者不忍，中世紀教會已有反戰運動，但是成效有限。19世紀戰爭的殘酷，使得有組織的反戰運動再次興起，紅十字會就是國際反戰運動的成就。紅十字會於1863年在瑞士成立，提供不介入戰爭的人道援助。而現代戰爭產生的傷亡問題，也加速醫療科技進步，但是火藥、毒氣不斷擴大了殺傷力。為了有效改善戰時醫療水準，英國率先成立現代護理制度，但是值得注意的是，最初的護理制度帶有軍事管理特色與威權色彩，可視為軍隊制度的延伸。

歐洲出現反戰運動以及和平的呼籲，但當時的強國以社會達爾文主義 (Social Darwinism) 之名殖民海外，發動更多戰爭。社會達爾文主義扭曲達爾文對自然界的觀察，以不確實的研究來虛構白種人優越性，創造「強者征服弱者」的論調，作為以武力海外擴張的藉口。19世紀強權以國際法相互往來，發動戰爭也遵循「戰爭法」，但是侵略海外各地原住民建立多年的政治組織時，發動戰爭的方式與媾和方法，不全然符合《西發里亞條約》以來建立的傳統。例如非洲各地部落就在白人強勢武裝和強取豪奪下迅速敗亡；

圖 6-8　戰地軍醫院──克里米亞戰爭期間，南丁格爾 (Florence Nigntingale, 1820–1910)〔圖中左 3 〕發現大量軍人是死於受傷後未獲妥善醫療，著手改革戰地醫院的醫護效率。

或是處於弱勢的澳洲原住民，在 19 世紀等於是被屠殺。白人建立的殖民地以資源掠奪為目的，並不平等看待殖民地人民。

兩場殘酷的世界戰爭

▌限制軍備的失敗與第一次世界大戰爆發

　　19 世紀以來，歐洲強國動輒兵戎相見，相互結盟對抗的態勢益發明顯，1899 年和 1907 年，兩次和平會議（即保和會）在荷蘭召開，海牙和平會議試圖阻止以戰爭解決糾紛，但是在限制軍備的成效十分有限。會議同意國際社會應該使用強制仲裁方式處理糾紛，並在 1915 年召開第 3 次和平會議進一步討論。可惜一次大戰使得會議停開，不過和平會議的精神促成一次大戰後國際聯盟的成立。和平會議也通過了協調仲裁機制，使得國際爭端得以

調停，但在限制軍備的效果卻很有限，歐洲各國間的武裝競賽並沒有停止。

　　1914 年 6 月，奧匈帝國皇太子在波士尼亞的塞拉耶佛被斯拉夫民族主義分子槍殺，激起俄羅斯介入，英國和法國因 1907 年建立的俄、英、法三國協約而捲入衝突。另一陣營最初主要有德國、奧匈帝國和鄂圖曼土耳其，德國支持奧匈帝國，要求塞爾維亞負責，目的其實是想阻止支持塞爾維亞的俄國擴張。鄂圖曼土耳其政府親近德國，多年來與俄國關係不佳。兩大陣營開始動員，當德國向俄國宣戰，同時為了進攻法國而進軍法、德之間的中立國比利時，英、法兩國也加入戰局，一年後誘使義大利對德、奧等國宣戰。這場戰爭被稱為「第一次世界大戰」，而各參戰國的海外殖民地也支援人力、物力。1915 年，美國因為搭載許多美國乘客的商船遭到德國潛水艇擊沉而參戰，是美國史上首次干預歐洲事務。第一次世界大戰規模與傷亡為史上少見，兩大陣營多面相互交戰。1917 年俄羅斯爆發革命而退出戰局，隨後建立的共產黨政權牽動全球局勢長達 70 年。英、法兩國失去盟國俄羅斯，但是美國參戰讓兩國得到充足的後勤資源與人力，美國參戰等同於決定了誰是勝利者，但這場戰爭也結束了歐洲的黃金時代。戰爭期間，美國開始干預全球事務，同時還有共產國家的出現，持續影響著一次大戰戰後的世界局勢。

第一次世界大戰後的國際聯盟與〈非戰公約〉

　　解決一次大戰問題的巴黎和會，因為法國堅持採取報復主義，希望藉此削弱德國力量，導致戰敗國如德國被迫承擔戰爭責任，不僅得放棄殖民地，還要支付鉅額賠款，德國幾乎破產，最後依靠美國主導的長期貸款才轉危為安。戰敗國固然

付出慘重代價，戰勝國也有如義大利，戰後未獲利益招致國內社會不滿。更不用說俄國爆發革命後，與附庸成立蘇聯，由共產黨統治，其宣傳共產主義革命的策略，包括了資助武裝衝突等方式，使世局更加動盪不安。同時戰後全球出現經濟不景氣，各國實施保護主義，導致國際貿易萎靡不振。經濟蕭條使得各國極端政治思想橫行，如希特勒在德國，墨索里尼 (Benito Mussolini, 1883–1945) 在義大利，他們先經由民主程序掌權，再建立獨裁政權。

國際政治方面，美國總統威爾遜雖然標榜民族自決，但殖民地獨立問題卻牽涉列強利益而難以落實，如英國與法國瓜分戰敗的土耳其在阿拉伯勢力範圍，是為今日中東問題的起源。

戰後建立的國際組織——國際聯盟，希望各國以非戰爭手段來解決爭端，並舉行多次限制軍備的國際會議，其中 1928 年簽訂《非戰公約》，簽署國家均聲明不以戰爭來解決爭端，企求世界永久和平，但是 1931 年中國爆發九一八事變，和

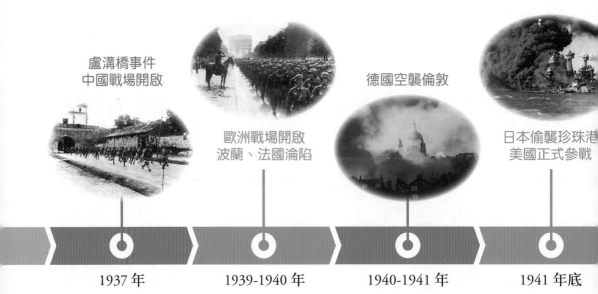

盧溝橋事件
中國戰場開啟

歐洲戰場開啟
波蘭、法國淪陷

德國空襲倫敦

日本偷襲珍珠港
美國正式參戰

1937 年　　　　　1939-1940 年　　　　　1940-1941 年　　　　　1941 年底

1935 年義大利侵略衣索比亞，粉碎了理想主義者的希望。一次大戰後，美國沒有積極介入國際事務，而廣泛的全球危機因歐洲各國自顧不暇，演變為長時期的動盪不安，有史學家因此稱 1919 年至 1939 年為「危機的二十年」。

▋第二次世界大戰與國家總動員

1939 年，德國標榜建立自給自足的「生存空間」，而大舉侵略捷克與波蘭，英、法兩國向德國與其盟國義大利宣戰。德國為確保來自瑞典的工業原料供給不受威脅，決定進攻丹麥與挪威，進而奇襲比利時與荷蘭，希望快速解決西線戰爭。德國為了避免東西兩面同時作戰，先和蘇聯簽訂互不侵犯條約，卻出兵攻打鄰近的挪威，全歐洲因此捲入戰爭。與此同時，日本號稱協助亞洲各國脫離西方國家控制，建立以日本為首的「大東亞共榮圈」，自九一八事變起就從未停止侵略中國。後來為了截斷遷往重慶的國民政府自中南半島取得進口資源，在

圖 6-9　二次大戰歷程

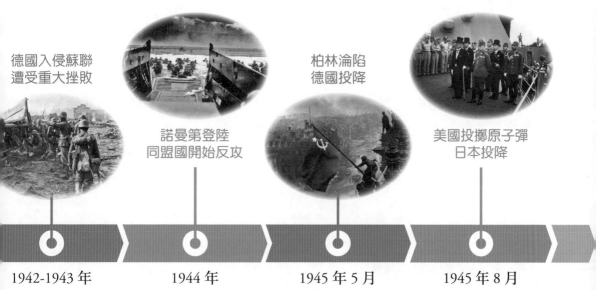

德國入侵蘇聯
遭受重大挫敗

諾曼第登陸
同盟國開始反攻

柏林淪陷
德國投降

美國投擲原子彈
日本投降

1942-1943 年　　　　1944 年　　　　1945 年 5 月　　　　1945 年 8 月

1940 年 9 月進入越南北部。美國因此對日本採取禁運石油、鋼鐵、橡膠等重要軍事資源，使得日本開始與美國直接對立 ❷。1940 年 9 月，日本、德國和義大利簽訂《軸心國協定》(Tripartite Pact)，世界大戰形成兩元對立。這時的義大利由法西斯極權政黨統治，德國納粹黨圖謀支配全歐洲，日本軍閥有吞併亞洲的野心，雙方計畫會師西亞，與一次大戰的強權對峙並不相同，全世界此時面臨更大的危機：極權主義興起，並意圖以武力征服世界。

1941 年 6 月，德國進攻蘇聯，戰爭更加擴大。日本軍方為了削弱美國海軍實力，在 1941 年 12 月偷襲美國夏威夷的珍珠港海軍基地，導致美國對日本、德國和義大利宣戰，正式加入世界大戰。參戰國無不動員全部資源與人力，這場「總體戰」的動員規模前所未見，結果比一次大戰更加慘烈，亞洲和非洲都成為戰場。

1945 年 8 月，迫使日本投降的兩顆原子彈造成數十萬人死亡，更是讓世人見識到現代科技若運用到戰爭，所製成的武器是如此殘忍，傷亡是如此可怕。加上戰爭期間出現的屠殺平民、種族滅絕等事件，這雖是長期存在的戰爭暴行，但終於獲得正視，成為國際社會在二次大戰後極力遏止的罪行。

現代世界如何消弭世界戰爭？

▎聯合國與集體安全體制

第二次世界大戰結束後成立的聯合國，希望世界各國放棄結盟對立，轉從調停、斡旋、仲裁或國際法院裁判，還有安全理事會執行的集體安全體制來解決糾紛。依照這種方式，破壞和平就是和其他所有聲稱維護和平的國家為敵。集體安全體制的核心是聯合國安全理事會，美國、俄國、英國、法國和中國是

常任理事國，五大國對於重要議案有否決權。但是二次大戰結束不久，冷戰隨即登場，共產主義陣營與支持美國的國家相互對峙。美國採取「圍堵」策略防止共產主義擴張，北大西洋公約組織等區域安全組織應運而生，共產主義國家也成立如華沙公約組織與其對抗，世界一時形成兩大集團對抗的局勢。

同時，自 1950 年代開始，出現一波殖民地獨立建國風潮，其中許多新國家以「第三世界」自居，標榜有別於美國、蘇聯兩大陣營。而聯合國會員國也跟著大量增加，使聯合國事務不易由大國完全操控。面對國際糾紛，聯合國常使用禁運等經濟制裁手段，用強制停止貿易的方式迫使對手就範，例如南非因為施行種族隔離政策，聯合國自 1962 年施行長達 30 年的經濟制裁，使南非在 1980 年代陷入政經危機，終於在 1994 年宣布廢止種族隔離政策。另外聯合國可以派遣聯合國維持和平部隊，進行調停糾紛、監督停戰等廣泛的活動。

大規模戰爭減少與新式作戰

二次大戰後大規模戰爭不易出現的原因，除了集體安全體制之外，還有核子武器之嚇阻力。美國向日本投下兩顆原子彈，加速了二次大戰的結束，這種威力使得強國競相研製原子彈，卻同時達到相互嚇阻對方使用的效果。不過，二次大戰後，許多殖民地利用武裝衝突取得獨立，說明傳統的正面對決戰爭仍未勢微。此外，有許多小型新式武器問世，這些武器雖然方便操作，但目的不是大規模殲滅敵人，而是殺傷力較小，用來延緩敵軍行動，降低對手作戰能力，加上保護裝備

註
解 ❷在美國主導下，形成以美 (America)、英 (Britain)、中 (China)、荷 (Dutch) 的經濟封鎖同盟，俗稱「ABCD 包圍網」，迫使日本發動珍珠港事件。

與醫療技術進步，使軍人自越戰以來在戰場的死亡率一直下降。近年戰事更加證明高科技的重要性，美國在伊拉克等地的攻擊行動，在衛星定位等裝備協助下，能夠在短時間內使用導引飛彈精確轟炸目標。不過戰場上的軍人死亡率雖然下降，但是仍有大量平民死於武裝衝突或種族屠殺。

現今的世界戰爭危機

▎種族屠殺

1980 年代末期，柏林圍牆倒塌，蘇聯主導的共產主義陣營也宣告瓦解。但是民族主義卻刺激巴爾幹半

圖6-10　獲得諾貝爾和平獎的南非總統曼德拉（左）、副總統戴克拉克（右）——因曼德拉、戴克拉克聯手終結了南非種族隔離政策，而獲得諾貝爾和平獎。

島危機，例如南斯拉夫的內戰（見本書第 89 頁），經由聯合國介入調停，多個主權國家獨立建國，但巴爾幹半島的種族糾紛至今仍不斷發生，由此可見武力衝突多麼不容易平息。除此之外，希特勒在二次大戰主使屠殺猶太人，戰後聯合國為保障人權，要求會員國將種族屠殺罪列入刑法，可是非洲盧安達 ❸ 和東歐波士尼亞，在 1990 年代發生大規模種族屠殺事件，是為以強凌弱的惡例。

圖 6-11　聯合國維和部隊介入盧安達危機──起因於兩大種族爭奪政治權力，導致東非國家盧安達深陷內戰、種族屠殺危機。

▍新式戰爭的出現：恐怖攻擊

　　2001 年，恐怖組織在美國發動「九一一事件」，從那時候開始，恐怖攻擊成為各國最棘手的問題。由於恐怖攻擊難以預料、常在國內發生，實在防不勝防。這些由少數激進分子施行的攻擊事件，卻因現代武器的威力，加上政府與一般大眾平日疏於防備，常造成重大傷亡。近幾年恐怖攻擊被視為「戰爭行為」，這種境內發動有限攻擊的方式已取代過去的國際戰爭，成為各國急需處理的問題，同時也是世界當前最迫切的危機。

註解　❸東非國家盧安達於 1994 年因兩大種族爆發爭權糾紛，主政的圖西族 (Tutis) 大量屠殺胡圖族 (Hutu)，約有 50–100 萬人喪生。

我思 ╳ 我想

1 ▶ 火藥應用於戰爭後，大幅提升軍隊擊垮中古世紀城堡的能力，請問科技發展與戰爭之間有什麼關聯？

2 ▶ 1930 年代初期，日本和德國政府為轉移人民對經濟不景氣的不滿，以武力對外擴張，請問它們所發動侵略行動，是否有助經濟發展？

3 ▶ 現代國際社會努力預防戰爭發生，有何實質作用？請試舉例說明。

7

和平運動與
恐怖主義

文／趙秋蒂

前　言

　　和平運動 (Peace Movement) 是針對戰爭與暴力危及社會安全、造成社會動盪不安而興起的反對運動，包括反戰與消弭暴力，主張人類不應該相互爭戰，種族歧視、自然資源爭奪和宗教意識形態衝突等都應該避免。人類對和平的嚮往自古皆然，作為追求和平的風潮並付諸實踐的「和平運動」，其源流可追溯到基督教貴格派 (Quakers) 以及啟蒙運動時期的和平思想。自 17 世紀以來，建立了許多和平組織，而致力於和平運動者，自稱（也被稱）為和平主義者 (pacifist)。

　　恐怖主義 (Terrorism) 是恐怖組織為達其目的，串連恐怖分子於不特定地點對不特定對象發動攻擊，並視之為獲得政治利益、貫徹組織信念的唯一手段，它造成了世人的憂懼惶恐，是一種典型的反和平作為。恐怖分子因恐怖的攻擊行動而得名，行動目的則是為了爭取民族獨立、政治自主、宗教自由等，他們自認為鬥士，不會自稱為恐怖分子。恐怖主義與宗教（尤其是伊斯蘭教基本教義派〔Fundamentalist〕）的極端主義相連結，但宗教本身絕不是恐怖暴力的思想淵源。

圖 7-1　越戰時期的美國反戰運動

和平運動和恐怖攻擊行動，乍看之下是兩個完全相反的命題，恐怖攻擊摧毀了世界和平，和平運動欲弭平恐怖主義，但我們若將公平、正義，甚至是文化、霸權等議題納入其中，會發現還有許多可再深入探討的空間。本文首先向讀者分別介紹和平運動的興起，與歷史上的和平運動、恐怖主義與反恐行動，再討論宗教在二者的體系中扮演何種角色，尤其是伊斯蘭教如何被恐怖分子利用，最後再反思反戰與反恐是否能達到真正的和平。

和平運動的興起

中國傳統文化提倡和平，建構和諧社會，《尚書》〈堯典〉提到「克明俊德，以親九族；九族既睦，平章百姓；百姓昭明，協和萬邦。黎民於變時雍。」《禮記》〈大學〉提到「物格而後知至，知至而後意誠，意誠而後心正，心正而後身修，身修而後家齊，家齊而後國治，國治而後天下平。」墨子也提倡「以人為本」，「兼愛非攻」，「兼相愛交相利」達到「強不執弱，眾不劫寡，富不侮貧，貴不傲賤，詐不欺愚，凡天下禍篡怨恨可使毋起者，以相愛生也，是以仁者譽之。」中國古籍中常見到豐富深刻的和平思想。在西方亦出現羅馬帝國初期的200年間（西元前27年至2世紀），國力鼎盛，被譽為「羅馬和平」(Pax Romana)，不過這些和平概念是從統治者的角度出發，在其所轄之地維持天下和平。而現代「和平運動」源起自民間，和平思想由歐洲散播到世界各地。

貴格派在17世紀中葉成立，創始者喬治福克斯 (George Fox, 1624–1691) 宣揚神前人人平等觀念，主張和平與宗教自由。19世紀初，拿破崙在法國大革命後掌權（1799年），歐陸爆發拿破崙戰爭 (Napoleonic Wars, 1803–1815)，貴格派教友呼籲反對一切戰爭和暴力，寧交罰款也

圖 7-2 喬治福克斯畫像

不從軍，鼓吹和平主義，並得到英國主張自由貿易者的支持，因為唯有在和平的條件下，自由貿易能使英國更充分利用工業上的優勢，取得經濟與政治的領導地位，至此，和平運動便在英國開展。

和平主義在歐洲的思想源流，還可追溯自啟蒙運動，甚至上溯到文藝復興時期。盛行於 14、15 世紀的文藝復興，反對迷信神學的思想在義大利興起，人們脫離一切以教會為核心的價值觀，認為「人」才是現實生活的創造者，宗教世界觀被科學的世界觀取代，而人文主義 (Humanism) 與自由思想為往後啟蒙運動奠定了基礎。啟蒙運動是一場全面性的社會運動，是一般平民爭取生活權利、生存尊嚴與生命自由的奮鬥過程，一方面擺脫當時的教會壓迫，一方面也終結了貴族對平民的宰制，如廢奴運動也在這時期展開。

到 18 世紀末，從以「神」為核心，到以「人」為本，再到人人平等，啟蒙運動引領人們認識到人權、自由、平等的可貴，相信普世原則與普世價值是建立於「理性」的基礎上，透過伏爾泰 (Voltaire, 1694–1778)、孟德斯鳩 (Baron de Montesquieu, 1689–1755)、盧梭 (Jean-Jacques Rousseau, 1712–1778) 和康德 (Immanuel Kant, 1724–1804) 等偉大思想家的著作，民主與和平思想啟迪了人們的思維，在社會中

引發迴響。

歷史上的和平運動

　　和平運動在 19 世紀初開始運作。法國大革命與拿破崙戰爭，對歐洲及美洲都帶來翻天覆地的改變，但戰後法國逐漸失去在歐洲的領導地位，取而代之的是擊敗法國的英國。英國在拿破崙戰爭期間尚未正式啟動和平運動，但英國國會已公開簽署了反戰和平訴願。而世界首度和平運動出現在美國，1815 年，道奇 (David Low Dodge, 1774–1852) 成立了紐約和平協會 (New York Peace Society) 和麻塞諸塞和平協會 (Massachusetts Peace Society)。次年在倫敦，威廉·阿倫 (William Allen, 1770–1843) 成立了倫敦和平協會 (London Peace Society)，而後 1830 年在日內瓦、1841 年在巴黎也建立了類似的組織。1848 年，比利時的布魯塞爾召開了第一屆和平主義者大會 (International Peace Congress)，

接續又在巴黎（1849 年）、法蘭克福（1850 年）、倫敦（1851 年）舉行過幾次大會，提出制止戰爭、裁減軍備、組織國際法庭解決國際爭端等要求。法國著名作家雨果(Victor Marie Hugo, 1802–1885) 曾在巴黎和平之友大會上呼籲反對戰爭、爭取世界和平，是 19 世紀和平運動的重量級人物。1895 年，「諾貝爾和平獎」設立，自 1901 年起，每年選出為促進民族國家團結友好、取消或裁減軍備，以及為和平會議的組織、宣傳盡最大努力或貢獻卓越者。

　　20 世紀，和平運動逐漸以歐洲為中心向世界各地擴散。一次大戰 (1914–1918) 結束，各國厭倦戰爭而簽訂諸多和平協議，1920 年成立國際聯盟，計畫以集體安全與軍備限制來預防戰爭，或藉由談判及仲裁等方式來平息國際糾紛，可惜世界未能因此獲得和平。1932 年 8 月，和平人士在阿姆斯特丹召開世界反戰大會 (World Committee Against

War and Fascism)；1933 年 6 月，巴黎召開歐洲反法西斯大會，之後兩個會議聯合成立世界反戰和反法西斯委員會；1936 年 9 月，布魯塞爾舉辦國際和平運動大會，獲得世界各國的關注。直到二次大戰後，由聯合國取代國際聯盟，充任維護世界和平的權威機構，至此，各國和平組織也開始廣泛建立。

二次大戰後，西歐各國迅速復興，非常珍惜和平安逸的生活，西歐紛紛成立和平組織，也多次召開世界和平大會。50 年代的主要訴求有反對西德重建軍隊、禁止製造原

圖 7-3　美國總統歐巴馬獲得諾貝爾和平獎——歐巴馬以對俄國、伊斯蘭教國家的友善外交，讓他在 2009 年獲得和平獎殊榮。

子彈與氫彈。1950 年 3 月，斯德哥爾摩和平會議發表《斯德哥爾摩宣言》(The Stockholm Declaration)，有 5 億名世界愛好和平者簽名響應；1955 年 6 月，赫爾辛基召開反戰大會，有包括亞、非新興國家在內 90 多國代表參加。60 年代中期到 70 年代中期，世界和平運動均圍繞在反對越南戰爭。1970 年代末到 1980 年代初，美、蘇兩強在歐洲部署新式導彈，促使數以百萬計的歐洲人民走上街頭呼籲反核與和平。因此，遊行、靜坐、簽名與請願構成了 1970 年代以來和平運動的鮮明色彩，參與者橫跨各行各業，一些專業人員，像是醫師、律師、教育

圖 7-4　甘地 (Mahatma Gandhi, 1869–1948)——甘地發起不合作運動，以非暴力手段爭取印度脫離英國獨立。而甘地原本是一位西裝筆挺的律師，為了喚起同胞，特地改著傳統服飾，並親自紡紗，紡紗車也成為印度獨立後的精神象徵。

人員或退休將領組成的和平組織，讓和平運動的訴求更為精準。其中源自於抗議美國核武試爆「別興風作浪委員會」(Don't Make a Wave Committee) 的「綠色和平組織」，自 1971 年設立，迄今已在全球 41 國設有辦事處，此一全球性的非政府組織從和平運動出發，也關注全球生物與環境，成為環境保護領域的代表組織。

1981 年的聯合國大會決議，將每年 9 月第三個星期二大會開幕的日子訂為「國際和平日」(International Day of Peace)， 又自 2002 年起，確定將國際和平日訂為每年 9 月 21 日，在這一天邀請世界所有國家和人民停止敵對行動，是全球停火、非暴力的日子。而世界各國也紛紛成立和平組織，推展和平運動。臺灣在經歷二二八事件

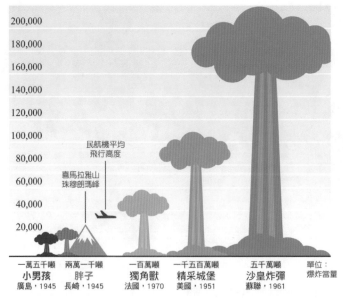

圖 7-5　歷史上的炸彈威力排行

（1947 年）的 48 年後，於 1995 年通過《二二八事件處理及補償條例》，決議將 2 月 28 日訂定為和平紀念日，每年舉辦一系列紀念活動，撫平當年受難者的傷痛。直到今日，我國與中國大陸之間，為確保雙方永續和平共存，也欲簽署《兩岸和平協議》，結束國共內戰狀態。

恐怖主義與攻擊行動

法國大革命時，「恐怖」(Terror) 一詞第一次被西方作為政治詞彙使用，革命分子將數千人斬首之後，宣稱「革命的恐怖，是一種正義的

圖 7-6　羅伯斯比斬首圖——法國大革命時期，雅各賓黨 (Jacobin) 以高壓手段整肅異議分子，直到領導人羅伯斯比 (Robespierre, 1758–1794) 被斬首後，方才終結「恐怖統治時期」。

形式」。此後，弱勢的民族或政治團體，為達到追求獨立自主或其他政治目的，常常採取恐怖攻擊行動，因而被冠以「恐怖組織」或「恐怖分子」之名，而他們以暴力製造恐慌的核心思想即為「恐怖主義」。由於恐怖攻擊的目標與發動時間難以預料，造成無數無辜者身家性命損失，世界各國莫不談「恐」色變，驚懼異常。

依據美國國務院在 1998 年的定義，「恐怖主義」是「民族團體或祕密組織針對不特定對象，進行有預謀、有政治目的的罪行，並希望引起大眾的注意。」我國法務部於 2003 年修訂的定義為「個人或組織基於政治、宗教、種族、思想或特定信念的目的，從事計劃性、組織性的下列行為，如殺人、重傷害、放火、投放或引爆爆裂物、擄人……等。」行文較為冗長但與美國官方定義類似。其實社會大眾的共識，總認為「恐怖主義」是負面的，只要濫殺無辜就是「恐怖行動」，「恐怖主義」於是就成了對武力、政權或是與政權相關不被喜愛的行動的一種輕蔑稱呼。

其實阿拉伯世界也為恐怖攻擊所苦。1998 年 4 月 22 日，阿拉伯聯盟 (League of Arab States) 簽訂《阿拉伯國家制止恐怖主義公約》(*The Arab Convention for the Suppression of Terrorism*)。公約中指明任何暴力行為或威脅，不論其動機或目的為何，只要是進行個人或集體犯罪計畫，在人群中製造恐怖、傷害，或危及生命與自由的安全；或危害環境、設施、公共或私人財產；或占據、掠奪財產；或危及國家資源。其中特別強調「恐怖主義」與「反對外來占領的鬥爭」有所區別。

中東地區早期發生的恐怖攻擊事件中，最讓人震驚的是 1946 年 7 月 22 日在耶路撒冷發生的大衛王酒店爆炸案。這是猶太人極右翼恐怖組織伊爾貢 (Irgun)，為了報復當時

託管巴勒斯坦的英國在猶太建國之路上未予全力支持，於是攻擊位於酒店內的英國政府機構，造成 92 人死亡，40 餘人受傷。次年 4 月 9 日，伊爾貢又與更激進的猶太恐怖組織萊希 (Lehi) 一起攻入耶路撒冷附近的代爾亞辛村 (Dar al-Yasiin) 大肆屠殺阿拉伯人，造成百餘名村民遇難。大衛王酒店爆炸案之後，英國撤出巴勒斯坦，將以色列建國一案交予聯合國處置，以色列於 1948 年 5 月順利建國；代爾亞辛村屠殺事件，

圖 7-7　爆炸後毀損的大衛王酒店。

則促成阿拉伯各國決心插手巴勒斯坦事務，在以色列建國次日對以色列發動戰爭；更有甚者，自以色列建國迄今，巴勒斯坦人民發起無數次的恐怖攻擊與自殺炸彈事件，幾無寧日，恐怖主義的影響著實不能小覷。

　　2001 年 9 月 11 日，賓拉登領導的蓋達組織對美國發動恐怖攻擊（見表 3 蓋達組織發動的恐怖攻擊），自此之後，「伊斯蘭恐怖主義」便獨占鰲頭，成為恐怖主義的「代表」，而「賓拉登效應」經媒體報導與評論而擴散，幾乎使人們將「伊斯蘭恐怖主義」視為「恐怖主義」的「全部」，尤其今日伊斯蘭國的肆虐，更是印證這個刻板印象（見表 4 伊斯蘭國發動的恐怖攻擊）。

美國的反恐政策

　　「九一一事件」後，美國國務院「反恐怖主義」協調辦公室公布「外國恐怖主義組織清單」，列名

28 個組織中，有 10 個是阿拉伯穆斯林組成，6 個為非阿拉伯的穆斯林組成，換言之，有超過一半是穆斯林組織。到了 2017 年 6 月，這份清單已增至 60 個組織，與穆斯林相關的組織增至 50 個，包括伊斯蘭國及其分支與蓋達的側翼組織，導致大眾被美國觀點所主導，將伊斯蘭與恐怖主義畫上等號，再加上人云亦云式的負面評價，恐怖分子已成為穆斯林的刻板形象。

顧名思義，「反恐政策」即針對「恐怖主義」而興起的反制措施，所謂「恐怖主義」就是恐怖分子可怕又可惡的「行為」，重點是他們「做了什麼」，而非「誰做」或是「目

圖 7-8　倒塌後的紐約世貿中心

的」。「反恐政策」關心的重點，不在於恐怖主義是基於什麼政治或社會目的而發動攻擊，更不會探討穆斯林施行恐怖行動的動機與原因。「反恐政策」就是直接、全面打壓，其主軸有四：(1) 打擊恐怖分子，且不讓步、不談判、不妥協；(2) 將恐怖分子的犯行繩之以法；(3) 孤立支援恐怖分子的國家，對其施壓，直到放棄支援；(4) 加強與美國合作反恐國家之反恐能力。

美國「反恐政策」除打壓恐怖組織，也制裁「庇護恐怖分子的國家」，此舉讓所有穆斯林國家只要境內有恐怖組織活動，都莫名地承擔汙名。川普總統上任後（2017年），向穆斯林移民頒布禁令，導致因敘利亞內戰、伊斯蘭國蹂躪造成的難民，也都無辜地成為恐怖分子。也因此，「反恐政策」行之有年，但是被美國列入恐怖主義組織清單的團體卻愈來愈多，世界各地遭受到恐怖攻擊的事件仍此起彼落，

世界和平成為遙不可及的烏托邦。

與宗教相繫的和平運動與恐怖主義

和平運動由基督教啟始，恐怖主義卻與伊斯蘭宗教結合，兩者都與宗教緊緊相繫，所以宗教到底是和平的推動者，還是衝突的製造者？

我們檢視正信的宗教，無論基督教、伊斯蘭教、猶太教、佛教、印度教，甚至是道教、錫克教等，他們的經典中都清楚地指導信徒行善與堅持和平之路，和平是宗教信仰與實踐的基本信念。基督教貴格派出於道德良心而反對任何戰爭與軍事行動；方濟各會創始人聖方濟各 (Saint Francesco, 1182–1226) 的《和平祈禱詞》說到：「上帝，請讓我成為祢和平的工具，讓我用愛去消除仇恨。」九一一事件後，教宗若望保祿二世 (Pope John Paul II the Great, 1920–2005) 呼籲所有不同信仰的人民，切勿心懷仇恨，要為

人類文明攜手共創和平；達賴喇嘛發表致美國小布希總統的公開信，強調以暴制暴只會助長仇恨與憤怒；還有許多穆斯林宗教領袖公開譴責恐怖分子的暴行，表達伊斯蘭教的和平真理。在動盪時期，宗教領袖的善言婉語不但能安撫人心，更宣揚著神愛，將和平種子深植人心，更值得注意的是，沒有任何一個宗教是提倡「缺乏正義」的和平。

穆斯林與基督徒對教義中「正義」的解釋與實踐都十分完美，良善正直且無懈可擊，在非穆斯林與非基督徒的眼中看來幾乎趨向一致。

圖 7-9　斷垣殘壁的古城阿勒坡——阿勒坡 (Aleppo) 建城歷史超過 7,000 年，是敘利亞北部的大城，成為敘利亞內戰時兵家必爭之地，導致古城滿目瘡痍，當地人民企盼著和平到來。

伊斯蘭教追尋公平正義的教義頻繁出現在《古蘭經》、《聖訓》，以及所有伊斯蘭教法 (Shari'a) 相關的書籍中，用伊斯蘭思維建立公正公義的穆斯林世界，「吉哈德」(Jihad) 是實踐正義的手段之一。「正義」在基督教義中有較複雜的分類，美國哲學家珍・貝思克 (Jean Bethke Elshtain, 1941–2013) 在《對抗恐怖主義的正義之戰》(Just War Against Terror) 一書中將正義分為三類，包括：「懲罰性正義」，以懲罰來糾正錯誤行為；「個別的正義」，讓個人或個別的國家在不同條件下，也可以達到自己的正義；還有一種「修復式正義」，用來修補過去的不正義，且藉著修補而知道恐懼，同時建設未來的正義。

耶穌基督從來不以強迫的方式要求人們跟隨他，而是以同理心陪伴受苦的人們，面對誣陷仍以和平理性面對；穆罕默德傳教之初，受到無神論者的唾棄，生命甚至受到威脅，但是仍遵奉阿拉的命令，以慈悲與善勸引人入主道，兩位相隔600年的先知，是宗教和平運動的典範。直到近百年來，新一波的基本教義運動，才讓宗教實踐走向極端與激進。

基本教義主義 (Fundamentalism) 一詞最初來自於基督教，是指主張嚴格遵循原初、根本和正統信條的基督教派別。該詞彙源自於拉丁文 Fundamentum，是「基礎」、「基石」之意。伊斯蘭的基本教義派阿拉伯文是 al-Usuliyyah，又稱作 Usul al-Din，為「返回原始教義」之意，所以正確的翻譯應該是「原教旨主義」。除了基督教和伊斯蘭教，各個宗教都有基本教義派，但該名詞源起於基督教，而後再被應用到其他宗教。

激進派的伊斯蘭原教旨組織擁有狂熱信念，大量募集資金與購買火力強大的武器，打著伊斯蘭的旗號召喚年輕人加入「吉哈德」行列，

組織領導者引用《古蘭經》、《聖訓》煽動熱血青年慷慨就義，有時斷章取義；有時曲解經文，甚至擅自加入個人意志，讓涉世未深、缺乏辨識能力的青少年，受到鼓動而參與自殺式攻擊，這實非伊斯蘭追求和平的本意。全世界有近 20 億穆斯林人口，只有少部分追隨原教旨主義，但是伊斯蘭原教旨組織分子中，人數比例極低的激進分子，因實行伊斯蘭原教旨主義受阻，而採行恐怖行動，導致世人誤以為這是穆斯林的共同特徵。

伊斯蘭教絕非暴力的宗教，穆斯林不斷宣揚「伊斯蘭」的本意就是平安、和平，伊斯蘭與恐怖暴力發生關聯，最主要是《古蘭經》號召穆斯林參加「吉哈德」。「吉哈德」被翻譯為「聖戰」似乎略嫌草率，該詞彙出於阿拉伯文 جهاد - *Jihad*，JHD 三個字的字根所代表的涵義是「鬥智」、「鬥力」，還要再加上「道德」與「精神層面」的「努力」，翻譯為「奮鬥」或是「義戰」較為貼切。「吉哈德」的原則是反抗「攻擊你們的敵人」及「不信道者」，並非主動攻擊，而且不能過分。當穆罕默德因不敵麥加居民的壓迫，便在 622 年遷徙至麥地那，並建立了穆斯林社群，阿拉頒降天啟，呼籲在麥地那的穆斯林參與「吉哈德」，意味著穆斯林為了履行他們的宗教，抵抗外來的壓力，而展開戰鬥與流血，這是伊斯蘭歷史上最早的「義戰」。

阿拉伯文有許多詞彙代表「戰爭」，例如 *Harb*（戰爭）、*Sira'a*（格鬥）、*Ma'araka*（一場戰役）、*Qital*（殺戮）等，《古蘭經》捨棄了這些字眼而選擇 *Jihad*，其涵義是更加豐富、寬廣，因為穆斯林義戰目的是建立公平公義的社會，讓貧者、弱者在阿拉的眷顧下不受剝削，要克服一切邪惡力量，所以是一項艱鉅的工作。然而今日「吉哈德」一詞被恐怖分子過度利用，挑起了

圖 7-10　穆斯林反攻麥加──穆罕默德率領穆斯林從麥地那反攻麥加，是「聖戰」精神的代表。

族群間的對立，實非阿拉當初頒降天啟的原意，對廣大的穆斯林群體而言，打著「吉哈德」名號來濫殺無辜的恐怖行動，是不能諒解、不能接受且應同聲譴責的。

反戰與反恐能否達成世界和平？

　　如何在和平氛圍中實踐正義？寬容與憐憫能否解決暴力衝突？在

不公不義的情境中，和平手段能否伸張正義？答案雖然非全然否定，卻是一個漫長、辛苦且不盡然成功的過程，我們與其在宗教中尋求解答，不如讓宗教在推行和平運動、制定和平政策時扮演道德的指導者。但現實卻提醒我們不能忽視「正義」的背後，都有強權的主導或支持，使精神層面的宗教和現實世界間，存在著極大的落差。

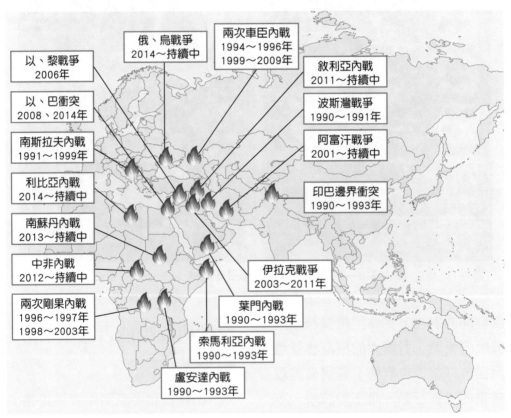

圖 7-11　後冷戰時代的戰爭與衝突（1990 年至今）

地圖標示：

以、黎戰爭
2006年

以、巴衝突
2008、2014年

南斯拉夫內戰
1991～1999年

利比亞內戰
2014～持續中

南蘇丹內戰
2013～持續中

中非內戰
2012～持續中

兩次剛果內戰
1996～1997年
1998～2003年

俄、烏戰爭
2014～持續中

兩次車臣內戰
1994～1996年
1999～2009年

敘利亞內戰
2011～持續中

波斯灣戰爭
1990～1991年

阿富汗戰爭
2001～持續中

印巴邊界衝突
1990～1993年

伊拉克戰爭
2003～2011年

葉門內戰
1990～1993年

索馬利亞內戰
1990～1993年

盧安達內戰
1990～1993年

和平是人類永恆追求的目標，和平主義者的理想也是全人類的普世價值，和平運動不止是口號，而是追求和平的過程中，解決諸多不和平問題的基本信念與方法，不是消極的期望，而是一種積極的處世態度。面對世界各地爆發的恐怖攻擊，而發動反恐戰爭予以反擊，是否能達成真正的正義與和平？運用暴力以獲取和平，還能稱之為和平運動嗎？

過去反戰的鬥士在「九一一事件」後改變立場，認知反戰無法達成和平，為了反恐就不能再反戰，因戰爭是達成和平的方法，暴力是消除暴力的手段。當許多和平運動者發出「不要戰爭，要全球正義」的口號，讓美國攻打阿富汗、伊拉克的戰爭師出有名，美國成為維持和平與正義的化身，少數殷殷企盼消弭任何形式戰爭的和平聲音便被掩蓋了。現今世界各地的反戰與反恐運動，較之歷史上的和平運動，已出現本質差異，面對戰爭與恐怖攻擊，道德勸說式的「絕對和平主義」已失去效能，支持「被侵害者」的防衛權利並制止更多暴力攻擊，才是獲得和平的有力方式。愛因斯坦稱信奉和平主義卻又主張自我反擊的人是「戰鬥的和平主義者」，要制止強國為了爭奪資源、利益出兵攻城掠地，而非阻止被侵害的人們行使自衛的權利。

和平思想家哈里斯 (Ian M. Harris) 與莫里森 (Mary Lee Morrison) 在《和平教育》(*Peace Education*) 書中將和平分為三個層次，和平運動的下策是「維持和平」，又稱消極的和平，即武裝和平，聯合國維和部隊即是一例；中策是「營造和平」，透過溝通、協商得到和平；上策是「建構和平」，又稱積極的和平，是對非暴力的追求，也是和平教育的終極目標。

我們舉穆斯林恐怖攻擊和中東和平進程為例，對於蓋達組織與伊

斯蘭國的追擊，便屬「維持和平」運動。但賓拉登於 2011 年被美軍擊斃後，蓋達組織不但沒有銷聲匿跡，反而建立更多的分支機構，遍布世界，繼續發動恐怖攻擊。當國際反伊斯蘭國戰爭迭有進展之時，伊斯蘭國的勢力分裂，流竄世界各處，發動有組織性的攻擊，或是孤狼式的攻擊，造成更多的死傷，引起世人更大的恐懼。因此，以暴制暴似乎無法達成和平。

對於以色列建國後（1948 年）與阿拉伯國家發生無止盡的爭端，

圖 7-12　美國總統柯林頓調停以巴衝突 —— 2000 年時，美國總統柯林頓邀集以色列總理拉賓 (Yitzhak Rabin, 1922-1995)、巴勒斯坦領導人阿拉法特 (Yasser Arafat, 1929-2004) 於大衛營進行和談，然雙方未達成共識。

美國曾主導多次和談，便屬「營造和平」。自 1978 年「大衛營和談」(Camp David Accord) 開啟了雙方和談的里程，之後國際間陸續展開多次和談，但是數 10 年和談期間，巴勒斯坦仍然是殺戮戰場，較大衝突有 1987 年的「抗暴運動」(intifadah)、2000 年的「阿克薩抗暴運動」(Aqsa Intifadah)❶，小規模爭端則是天天上演、沒有停歇。不僅以、巴雙方之間有歧見，以、巴內部的鴿派與鷹派也堅持己見，內部紛爭亦不曾間斷。尤有甚者，各個追求巴勒斯坦獨立建國的武裝組織，全被美國認定為「恐怖組織」。當調停、締約效果有限，中東仍不斷進行著和平運動，但和平不僅遙遙無期，更被

註　❶ 1987 年抗暴運動，源起於巴勒斯坦人
解　　反對以色列占領約旦河西岸、加薩走廊，造成近 2,000 名巴勒斯坦人被殺。阿克薩抗暴行動則超過 3,000 名巴勒斯坦人遇害。

視為恐怖主義的溫床。

　　和平之路是艱辛的，維持和平與營造和平是面對不和平事態的治標之舉，從教育積極建構和平才是治本之道，而和平教育不僅得深耕和平的理念，更要學習尊重與包容異文化，傾聽他者的聲音，讓世界多元文化共處於和平的氛圍中。在實踐治標手段的過程中，出動維和武力與進行和平協議是接力進行的，各有其階段性任務，不論發動戰事還是啟動協商，都有屈服的一面。

圖 7-13　法國《查理週刊》事件後的聲援行動──2015 年時《查理週刊》以漫畫諷刺穆罕默得，引起穆斯林普遍不滿，因而襲擊該出版社總部，釀成 12 死 11 傷慘劇。事件後，法國人紛紛走上街頭，舉起「JE SUIS CHARLIE（我是查理）」的標語，以追悼罹難者，同時表達捍衛言論自由。而我們亦當思考言論自由的尺度，是不是該侵犯到他人生活和核心價值？

和平協議是有條件的和平，「營造和平者」必須在公平公正的原則下將利益，尤其是政治與經濟利益考慮周詳，接受協商者則必須認清事實，誠心妥協，以達成真正的和平為目標。

「維持和平者」也必須立基於公平正義，而非粗暴地自以為是，對彼此文化理路與價值觀必先充分且深入理解。以針對穆斯林恐怖行動的反恐工作為例，如果以美國為首的西方世界願意敞開心胸，深入了解阿拉伯人或是穆斯林的民族性，而非強迫全世界接納並實踐西方的文化觀點，在建構反恐主義、制定反恐政策與執行反恐行動之前，先從「人」出發，往前追溯民族的根，及思想與信仰的源。而非抱持著杭廷頓 (Samuel Philips Huntington, 1927–2008)「文明衝突」論述的信念❷，只顧著對他們直接無情打壓，考慮的面向會更周延，制定的政策也會更圓融。像是丹麥漫畫事件和

法國《查理週刊》事件，這種典型因文化上的無知所造成之憾事便能避免，蔓延世界各地出於仇恨與報復的恐怖攻擊，才有可能慢慢排解，讓世界得見和平的曙光。

我 思 ╳ 我 想

1 ▶ 人們談到穆罕默德創立伊斯蘭教之初，是「一手執經，一手執劍」的武力傳教，則伊斯蘭的本質是否與暴力相關？

2 ▶ 談到「中東」總讓人聯想到紛亂擾攘，穆斯林的恐怖攻擊是否為中東紛亂的延伸？

3 ▶ 為何以美國為首的反恐政策不能遏止穆斯林恐怖攻擊？

註解 ❷「文明衝突」的基本概念是，世界各地的文化差異是難以消除，所以各文明相互接觸都伴隨著摩擦或衝突。

表 3　蓋達組織發動的恐怖攻擊

發生時間	地點	攻擊
2001.9.11	美國	紐約世貿大樓恐攻事件（九一一事件）
2002.10.12	印尼	峇里島爆炸
2004.3.11	西班牙	馬德里車站爆炸
2005.7.7	英國	倫敦地鐵、巴士連環爆炸
2005.11.9	約旦	安曼三家酒店連續爆炸
2007.4.11	阿爾及利亞	阿爾及爾汽車炸彈攻擊
2007.12.11	阿爾及利亞	阿爾及爾自殺炸彈攻擊
2014.2.19	黎巴嫩	貝魯特連環爆炸
2014.4.2	葉門	亞丁市政府遭攻擊
2014.9.28、11.29	葉門	薩那美國大使館遭攻擊
2015.1.7	葉門	薩那警察學校爆炸襲擊
2015.1.7	法國	巴黎《查理週刊》總部遭攻擊
2015.10.15	敘利亞	大馬士革俄羅斯大使館遭砲彈襲擊
2015.11.20	馬利	巴馬科酒店遭攻擊
2016.1.21	布吉納法索	瓦加杜古酒店遭攻擊
2016.6.2	馬利	聯合國維和部隊遭攻擊

表 4　伊斯蘭國發動的恐怖攻擊

發生時間	地點	攻擊
2015.2	伊拉克	斬首日本記者；燒死約旦飛官
2015.4.18	伊拉克	攻擊美國駐伊拉克領事館
2015.4.19	伊拉克	處決衣索比亞籍基督徒
2015.5.20	伊拉克 敘利亞	占領伊拉克的安巴爾省省會拉馬迪、敘利亞的帕米拉
2015.7	土耳其	土耳其邊境城市蘇魯奇 (Suruc) 爆炸
2016.3.22	比利時	布魯塞爾連環爆炸
2016.6.12	美國	襲擊佛羅里達州奧蘭多同志夜店
2016.12.11	土耳其	伊斯坦堡汽車炸彈攻擊足球場
2016.12.12	埃及	開羅科普特教堂爆炸
2016.12.21	德國	柏林卡車衝撞聖誕市集
2017.1.1	土耳其	伊斯坦堡聖誕老公公掃射夜店
2017.2.17	巴基斯坦	信德省清真寺自殺炸彈
2017.3.8	印度	馬德雅省火車爆炸
2017.3.22	英國	倫敦西敏橋孤狼式槍殺路人
2017.4.7	瑞典	斯德哥爾摩卡車衝撞百貨公司
2017.4.20	法國	巴黎攻擊警察
2017.6.8	伊朗	德黑蘭國會大廈自殺炸彈、薩那警察學校爆炸襲擊案
2017.8.17	西班牙	巴塞隆納廂型車衝撞路人

8

國際貿易與
世界經濟的發展

文／廖舜右

前　言

　　國際貿易與世界經濟兩者不僅交互影響且互為因果，國際貿易的數量多寡，影響著世界經濟的整體規模，同時世界經濟的興衰消長，也牽制國際貿易的高低起伏。連結國際貿易與世界經濟的關鍵，即為經濟學中四大生產要素：貨品、資金、服務與人員的交換與流通。換言之，尋求更多、更快、更便宜的生產要素流通模式，就是推動國際貿易的原始動力。

　　任何交易之所以產生，都是基於需求與供給的因素，也是國際貿易的第一項支柱。然而，因為地理環境與自然資源的異同，國際貿易也會產生各種不同的多元模式。例如原物料的多寡、樞紐地點的有無、商業精神的強弱，以及人力資源的豐瘠，均會帶來不同面貌的貿易互動。需求與供給的推力，加上資源稟賦的拉力，推拉之間即產生跨越區域的貿易動能，同時這也是國際貿易的初始樣貌。

　　經濟規模的效用，則是國際貿易的第二項支柱。國家制度可有效維繫有利於貿易的條件持續存在，也是大規模累積財富並發揮加乘效果的重要基礎，因此貿易體系下軍事力量的建立，也就成為近代國際貿易中的顯著特徵之一。

　　其次，理念的集體改變也可有效形塑社會行為的調整。16 世紀初馬丁路德 (Martin Luther, 1483–1546) 所推動的宗教改革，不僅成為推動近代主權國家體系出現的遠因，同時也有利於資本主義的發展，更是區域貿易轉型為國際貿易的重要關鍵之一。因此，透過歷史的縱向角度，來認識國際貿易的運作軌跡與發展模式，是理解當代全球貿易的良好途徑。

圖 8-1　古羅馬時期的商船——這種商船被稱為「考貝塔 (Corbita)」，特點是船體積較小，但載貨量龐大，是古羅馬時期商船的主流船型。

歐洲上古、中古時期跨境貿易的輪廓

　　就貿易而言，上古時期希臘具有雙重的地理優勢，陸地上銜接歐、亞兩洲，海洋上也掌控有利的樞紐位置。希臘城邦最知名的是雅典和斯巴達，斯巴達以農業生產為主，實行嚴格的寡頭軍事政體，由國家壟斷土地及經貿活動。雅典則與之相反，海外貿易遠及地中海及黑海等地區，成為歐、亞、非各地商品的集散中心。

　　承續希臘而起的羅馬，歷經王政時期、共和時期以及帝國時期。羅馬經貿史上值得一提的是三次布匿克戰爭，由羅馬對抗地中海霸權——迦太基帝國。迦太基是腓尼

圖 8-2　迦太基名將漢尼拔——漢尼拔 (Hannibal, 247–183 B.C.) 曾數度大敗羅馬軍隊，但仍無法力挽迦太基滅亡的命運。

基的繼承人，早在羅馬時代以前就和希臘商人競爭。腓尼基人和迦太基人都極力保持商路的暢通，使國家藉由貿易來建立霸權。迦太基帝國的商業活動沿地中海擴張，與四周城邦進行貿易，以強大經濟實力建立海軍。迦太基的手工業、農產品和天然物產發達，貿易範圍除地中海地區之外，也與阿拉伯、非洲和印度等地進行香料及奴隸貿易。在三次戰爭後，迦太基帝國被羅馬消滅，在取得廣袤領地的同時，羅馬徹底稱霸地中海地區。

中世紀的北海地區同樣有部族

大遷徙的活動，如來自北歐的維京人、挪威人及丹麥人於 8 世紀末越過北海，持續入侵歐洲大陸 2、3 個世紀。維京人活動範圍極廣，除海外小島的殖民地外，也在東歐建立基輔羅斯公國。維京人在當時已知的世界範圍內建立廣大貿易網絡，包括歐洲及西亞地區，對歐陸經貿發展有一定程度的影響。

隨著西羅馬帝國滅亡，地中海世界先後被日耳曼部族、阿拉伯人及信仰東正教的拜占庭帝國所支配。7 到 8 世紀阿拉伯人向歐洲擴張時，於海陸分別被拜占庭帝國及法蘭克王國阻擋，最後在北非及伊比利半島建立伊斯蘭政權。此後來到伊斯蘭的黃金時代，阿拉伯人不僅在科學、哲學、醫學、天文學等方面的發展都長足領先歐洲。經濟上，阿拉伯帝國促進全球化的交流，融合各地知識及區域經濟。阿拉伯帝國的貿易網絡西達大西洋，東至太平洋的東亞地帶，發展出市場經濟及

資本主義的雛形，創造複式簿記 ❶ 等有利經貿活動的產物。

與此同時，在義大利半島北部的威尼斯人發展出合資經營權、損害補償（類似今日保險）等措施；並藉著發達的造船業，建立中世紀以來最強大的商船護航艦隊。在威尼斯的黃金時代（約 13 世紀末至 15 世紀初），共和國周旋於各大國間，運用情報網及靈活外交手段，取得地中海重要的港口和島嶼，並多次擊敗拜占庭、熱那亞等國海軍，與阿拉伯帝國成為中古歐洲的兩大經濟勢力。

歐陸中古時期的社會基本上是封建形式，領主階級在城堡或莊園中統治人民，形成自給自足的莊園

註 ❶ 複式簿記 (Double-entry bookkeeping) 的
解　基礎概念為「有借必有貸，有貸必有
　　借」，將記帳分為「借方」與「貸方」，
　　如此每筆交易可分為兩筆紀錄（借、
　　貸兩方），而且兩筆紀錄是相等的，
　　有助於提昇會計的嚴謹度。

圖 8-3　1666 年倫敦大火——近代以前，歐洲城市大多為木造建築，只要有星星之火，就很容易蔓延為嚴重災情，而商人因囤積大量貨物，往往遭受鉅額損失，使得「火災保險」的需求量非常大。

經濟，甚少與外界交易貨品。隨著城市興起與十字軍東征的爆發，封建領主為籌集軍費，讓部分農奴贖買人身自由，使其得到解放，同時讓更多人口湧入城市尋求發展。加上貴族階級對奢侈品的需求、商業及金融業復甦，促使城市以近代化的面貌興起。

這些城市繼而透過合縱連橫進行外交聯盟，從國王或貴族手中取得自治權利。接著，設立城市議會及產業工會，進行法律和商業方面的整合，強調市民和官員的權利及義務，並建構有關政府體制、公共生活、民法等新規定。

「西發里亞體系」與大航海時代

　　在當代貿易關係出現之前的中古世界，國際貿易其實並不適用於描繪歐陸經貿狀況。此時，主導歐陸政治經濟發展的主要因素為神聖羅馬帝國、羅馬教會、伊斯蘭帝國、城市以及封建制度等。直到西元 15 世紀末起，方才產生的新現象，才逐漸構築當代國際社會及遠距貿易的雛形。

　　首先是社會秩序的重建。西歐社會在面臨日耳曼民族的侵擾時，是以分權式政治制度維持秩序，即由下往上地維持羅馬帝國滅亡後的社會秩序。此種社會型態的優點是具有彈性，不需要一個龐大的中央集權政府來維護其政治秩序，取而代之的是各地機動且自主的貴族階級，進而逐步形成中古西歐社會中非常重要的封建體制。

　　封建體制的運作，主要依賴龐大帝國解體後所產生的封建領主，由領主帶領在戰爭中建立軍功的貴族與騎士來維持體制的穩定。因此，社會秩序整體而言由動盪紛擾逐步邁向穩定發展。其次，帝國解體導致了社會對政治權力的再次分化；例如，中古西歐社會內的一般人民可能需要服從的主人由騎士、領主、國王、主教到教宗。儘管在政治領域中這些職位意謂不同的歷史意涵，

圖 8-4　中古時期的莊園──中古經濟以自給自足的莊園為主。

但對人民來說卻沒有實質上的差異，金字塔的階層形態才是中古西歐社會的主要特徵。

一般而言，小規模的封建形式尚能滿足人民對於生活的基本要求，如提供安全的保障、司法的審判、城市的秩序，以及市場的規範。然而一旦發生重大的危機時，封建形式就難以應付接踵而來的各種挑戰，例如 14 世紀的黑死病導致人口銳減，不僅帶來生產力的嚴重衰退，更造成大幅度的賦稅短缺，使得世俗領域中代表政治權威的貴族階層面臨嚴峻挑戰；同時，因為無法防治黑死病、貪腐、濫發贖罪卷等爭議，也導致代表宗教權威的教會，面臨更多的批判與改革壓力，直到 16 世紀爆發宗教改革。此種衝擊政治與宗教權威的事件，終於在 1618 年爆發新舊秩序、教派對決的三十年戰爭，進而改變整個歐洲社會的樣貌。

1648 年的《西發里亞條約》終結了三十年戰爭，開啟歐洲政治體系的近代化過程。除了承認國家對於境內宗教事務的自主權之外，更賦予新教徒與天主教徒均享有平等的法律地位。更重要的是，國家在其領土內，享有最高主權及外交自主權，進而樹立了當代國際社會中國家主權的獨立性、統一性、不可分割性，近代的主權國家體系自此成為政治秩序的主要結構，可稱之為「西發里亞體系」。

「西發里亞體系」下的主權國家具有宗教與政治的完全自主性，因而能夠建立一個由上而下的政治體制，將西歐社會凝聚成一個具有共同意識的社群。強調傳統階級秩序與經濟自給自足的封建領地，轉變成為主權平等與重視貿易的近代國家。近代國家與封建領地在經濟規模、財富累積，以及對外關係方面均已大相逕庭。不少國家在追求商業利潤的前提下，對於原物料產地的尋求、消費市場的開發，以及

貿易通路的開拓，終於開啟由葡萄牙、西班牙、英國以及荷蘭主導的大航海時代。

大航海時代與遠洋香料貿易

南亞與東南亞的丁香、胡椒、荳蔻、肉桂等在內的香料，是西歐諸國拓展遠洋貿易非常重要的動機之一。香料的重要性不僅在可改變食物風味，並具有延長食物可食性的效果，另一方面，香料同時也是富裕及上流階層的品味象徵。以往西歐地區對香料的獲取管道分別為：在陸地上透過漫長的中亞陸路絲路貿易，或者由擅長海上貿易的地中

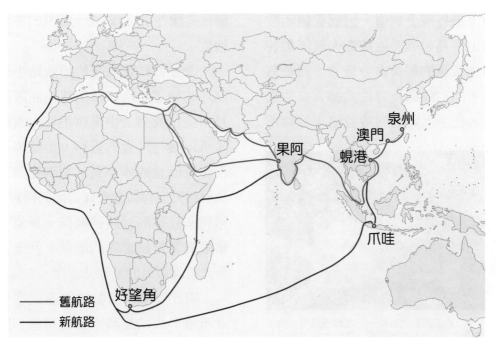

泉州
澳門
果阿
蜆港
爪哇
好望角
舊航路
新航路

圖 8-5　新舊航路的差異

海、阿拉伯商人手中取得，但無論由何種管道取得，都是非常高昂的交易價格。

然而，在西歐出現具備政治共識與統合經濟資源的近代國家後，憑著進步的航海技術，使得直接經海路進行香料貿易的優勢，明顯優於陸路絲路。大航海時代的初始階段，英國與西班牙依賴強大海軍實力來掌控海上航道，因而獨霸西歐海上貿易。然而維持龐大艦隊對於經濟資源的耗費古今皆然，而載有數十門加農砲及百位武裝人員的艦隊，在海上貿易的效益遠不及輕便

圖 8-6　琳瑯滿目的香料——香料不只可以增加食物風味，在冰箱問世以前，香料也是非常重要的醃製、防腐材料。

又移動迅速的商船。因此，荷蘭貿易船隊輕易取代了被時代淘汰的大型船艦，自此荷蘭貿易船隊獲得海上馬車夫的封號。1602 年荷蘭議會批准成立荷屬東印度公司，授權該公司壟斷香料、瓷器等亞洲商品貿易的權力，1621 年再成立荷屬西印度公司，專責荷蘭對美洲的商品與奴隸貿易，這兩家公司的相繼成立，確保荷蘭在 17 世紀海上貿易的主導地位。

過去香料貿易多依賴陸路小型商隊的輸運，例如藉由駱駝商隊穿越中亞沙漠進入中東歐地區，西歐才得以獲得珍貴的香料，但此舉不僅費時而且成本不貲。相較之下，發展相對完善海洋商隊方面的投資，獲利率就遠高於陸路絲路。哥倫布艦隊與麥哲倫艦隊的啟航，就成為近代國際貿易的重要分水嶺。

與此同時，西歐地區透過宗教改革所形成的企業家冒險精神，描繪出近代國際貿易的藍圖。荷屬東

印度公司即為遠洋香料貿易的最佳典範。透過國家的特許，荷屬東印度公司不僅有亞、非洲的壟斷經營權，更得以組建私有武裝力量，同時可與他國締約與宣戰，建築海外城堡與貿易港口，甚至發行專屬貨幣，以固定貨幣的價值，降低交易成本，這些行為都是當代海洋貿易的主要特徵。荷屬東印度公司除了滿足歐洲市場對於香料的需求，其所建立的跨國貿易模式也逐漸定型。荷屬東印度公司所發行的專屬貨幣，也成為遠洋貨幣匯兌與國際金融交換的雛型，進而加速國際貿易的演

圖 8-7　荷蘭式帆船——特點是船身小卻具有同型船隻最大的載運量，幫助荷蘭在 17 世紀稱霸海上。

化過程與交易規模。

　　就國際貿易歷史而言，香料需求雖然是推動國際貿易的重要動力，然而影響的時間並不長久，而國家的政治考量才是影響國際貿易運行的關鍵因素。《西發里亞條約》主導下的國際政治體系，讓西歐地區建立互不隸屬的獨立主權國家。各國為追求富國強兵，因而競相爭奪原物料產地、積極拓展海外市場，同時確保貿易通路，進而爆發戰爭，例如七年戰爭、鴉片戰爭、日俄戰爭等。

「布萊頓森林體系」到世界貿易組織

　　第一次世界大戰後，戰敗國家的鉅額賠償問題，成為當時國際社會的關注焦點。德國威瑪政府不願賠償巴黎和會所訂定的天價賠款，影響後續歐洲大陸的政治走向，進而爆發經濟大恐慌，也埋下第二次

圖 8-8　七年戰爭——1756 至 1763 年間，歐陸英、法、俄、普、奧等強國爆數場大戰，戰場橫跨歐、美、亞 3 洲。戰爭起因於貿易與殖民地競爭，英國為當中最大獲勝者，取得大量北美殖民地。然而英國卻因七年戰爭拖累財政，決定增加北美殖民稅賦，導致美國獨立戰爭爆發。

世界大戰的引爆點。金融問題取代貿易爭端，成為國家間衝突的另一重要課題。在第二次世界大戰之後，美國取得政治、經濟與軍事上的絕對優勢，打造出以美元為中心的「布萊頓森林體系 (Bretton Woods system)」來確保國際金融與國際貿易的穩定秩序。「布萊頓森林體系」是以《關稅暨貿易總協定》、國際貨幣基金組織以及世界銀行所構築而成，用以管理世界貿易與金融秩序讓美元成為國際貿易的匯兌貨幣，助於穩定國際貿易與金融秩序。而其自 1944 年於美國布萊頓森林簽署的《國際貨幣基金協定》(*Agreement of the International Monetary Fund*)，故而得名。該體系規範著世界經濟架構下的國際間貨幣、貨品，以及資金的交換，使得國際貿易第一次具有共同的國際標準，進而促使跨國貿易具備真正的國際性質。《關稅暨貿易總協定》在 1995 年改制為世貿組織，至今仍繼續推動降低關稅的多邊談判。而近年來，世界貿易組織架構下的《自由貿易協定》(*Free Trade Agreements*, FTAs)， 更超越以往要求全體一致的共識決，以雙邊與複邊形式繼續深化簽署成員間生產要素的流通與整合，例如《北美自由貿易區協定》、東協共同體 (ASEAN Community)，以及「美韓自由貿易協定」等。

跨國公司與主權國家的競合

　　1602 年荷屬東印度公司與荷蘭政府的關係，是主從與隸屬的模式，也就是荷蘭政府支持並特許荷屬東印度公司向海外拓展。而在 2000 年，全球前百大的經濟體之中，已經有 51 個是企業，且其中多數為跨國公司。這些跨國公司不僅在經濟規模上超越多數國家，而與國家的互動也由主從隸屬的模式，演化為競爭對手與合作夥伴的雙重關係。跨國公司的出現，代表企業規模已達到

圖 8-9　2008 年南韓美牛示威運動──美韓自由貿易協定中有開放進口美國牛肉的條款，由於美牛有狂牛症的食安疑慮，引發南韓民眾大規模示威，但終究難以阻止開放美牛進口。

具有改變國際貿易型態的能量。因此，重新檢視主權國家及跨國公司的競爭與合作，是當代國際貿易的重要面向之一。而這兩者之間的關係，也成為今日政治學與經濟學領域中辯論不已的重要議題。

　　主權國家藉由提供穩定秩序與福利保障所創造的公共財 (Public Goods)，如義務教育、國防治安等，是二次大戰後多數西方政治經濟學者強調的主要論述。在面對各類型的社會問題時，主權國家能夠以民

主的決策機制回應，並達成民眾的普遍期望；然而，自由競爭的體系不僅讓商業利益成為普世價值，同時造成國家應致力於營造與維持有利商業環境的風氣，也進一步損及主權國家實質管理民間企業的能力。因此全球化、跨國公司、自由貿易等價值觀及其運作，藉由科技的提升使得國際貿易 1.0 進入 2.0 的新時代，那為更多的貨品與服務以更快、更便宜的方式互通有無。另一方面，美國霸權體系下的國際公共財，例如安全保障、金融秩序以及貨品流通，並非以無償或搭便車方式即可獲得。國家在享受國際公共財的同時，也需要接受麥當勞、NIKE、IKEA 等跨國大企業的進入，而引入符合當代國際貿易的規範與法律。國家與跨國公司的合作，滿足了跨國公司的發展需求，提供擴張規模的契機，因而對國際貿易體系帶來源源不絕的成長動力。

然而，在《關稅暨貿易總協定》（世貿組織）經過多回合談判，工業產品平均關稅大幅降低至 4%，而農產品的平均關稅至 15% 後，跨國公司幾乎主導國際貿易的運作。在 1970 年代，跨國公司的內部貿易，僅占世界貿易總額的 20%，1980 至 90 年代已提升至 40%，而現階段更高達世界貿易總額的 80%。因此，數量的成長必然帶來質量的變化，1602 年荷屬東印度公司之於荷蘭政府的關係，時至今日或許轉變為三星集團之於南韓政府，2017 年三星集團總資產占南韓股市五分之一，同時占南韓 GDP 比例約 18%。跨國公司與主權國家的關係，也歷經主從隸屬、合作競爭，甚至演變為「反客為主」。

從國際貿易到全球貿易

人類「自私自利」的基本假設早經確認，國際貿易活動不過就是此項假設的實質體現。以往經貿發展歷史的演進，說明了人類持續突

圖 8-10　貨櫃輪——目前巨型貨櫃輪單趟載運量可超過 16 萬噸，相當於 1,100 架次的貨機，或是 4,125 節的鐵路貨櫃，非常驚人。

破自然環境與制度規章的限制，來提升包含貨品、資金、服務等生產要素的流通，進而塑造國際貿易的多種樣貌。雖然單純的「以物易物」是國際貿易的基本原則，但是其依賴的社會環境將改變其形式。國際貿易的發展源於國家需求，「西發里亞體系」與「布萊頓森林體系」，都是在多國大戰後所創建的制度，前者成為當代國際貿易的推動基礎，後者乃是透過國際經貿體系的建立，降低各種貿易的交易成本，例如進口關稅與貨幣匯兌。現階段的科技突破，無論是程式運算演化所產生的虛擬貨幣、無人機所帶來的物流革命、行動支付所影響的付費模式、人工智慧所推動的工業 4.0，正在改變傳統國際貿易與人類文明社會的

交集圈。

　　首當其衝的就是以國家為基礎單位的國際貿易體系，將在可預見的未來中，轉化為超越國界的「全球貿易體系」（參見表 5）。在數百年傳統觀念中牢不可破的國界，對於生產要素、商品的流通限制已經開始動搖，有關貨品、資金與服務的概念，也逐漸將由國民與生產者的思考方式，演化為公民與消費者的選擇途徑，也就是從創造財富到公平分配、從累積財富到最大利潤。在這樣的演化過程中，國際貿易的架構將逐漸被全球貿易輪廓所取代。

我 思 ╳ 我 想

1 ▶ 請問從國際貿易演變成全球貿易的過程中，國家、政府、市場及企業的角色發生何種變化

2 ▶ 請問國際貿易和國內貿易的差別為何？

表 5　國貿易與全球貿易的差異

	國際貿易	全球貿易
核心概念	國民、生產者	公民、消費者
行為主體	國家、政府	市場、企業
貿易目的	累積財富 創造財富	最大利益 公平正義

圖 片 來 源

- ChongDae (Wikipedia)：圖 8–9
- Flickr：第 2 章章圖、第 8 章章圖、圖 5、圖 1–8、圖 4–7、圖 7–3、圖 7–9、圖 7–11、圖 8–6
- Gun Powder Ma (Flickr)：圖 8–1
- Iamdanw (Flickr)：圖 6（底圖）
- International Committee of the Red Cross (Flickr)：圖 2–5
- Manhhai (Flickr)：圖 4–10
- National Archives：圖 6–9
- NVO (Flickr)：圖 2（右）
- Omgyjya (Flickr)：圖 7–9
- Paul K (Flickr)：圖 6–8
- Pierre-Selim (Flickr)：圖 7–13
- Pudelek (Wikipedia)：圖 4–5
- Reuters Pictures：圖 6–10
- Shutterstock：第 1 章章圖、第 3 章章圖、第 5 章章圖
- University of Cambridge：圖 6–1
- Wikipedia：第 4 章章圖、第 6 章章圖、圖 1、圖 2（左）、圖 3、圖 4、圖 7、圖 1–1、圖 1–2、圖 1–4、圖 1–5、圖 1–6、圖 2–1、圖 2–2、圖 2–3、圖 2–4、圖 2–6、圖 2–7、圖 2–9、圖 2–10、圖 2–11、圖 2–12、圖 2–13、圖 2–14、圖 3–1、圖 3–3、圖 3–4、圖 4–1、圖 4–2、圖 4–3、圖 4–6、圖 4–8、圖 4–9、圖 4–11、圖 4–12、圖 4–13、圖 4–15、圖 5–2、圖 5–5、圖 5–6、圖 5–8、圖 5–10、圖 5–12、圖 5–14、圖 5–16、圖 6–2、圖 6–3、圖 6–4、圖 6–5、圖 6–6、圖 6–12、圖 7–1、圖 7–2、圖 7–4、圖 7–6、圖 7–7、圖 7–8、圖 7–10、圖 7–12、圖 8–2、圖 8–3、圖 8–4、圖 8–7、圖 8–8

世界正在行進，
身為世界公民的你，
腳步跟上了嗎？

世界進行式

五大議題 × 專家學者

　　世界進行式叢書，從 108 課綱「議題融入」出發，打造結合「議題導向 × 核心素養」的跨科教學普及讀物。

　　取材生活中的五大議題「人權」、「多元文化」、「國際關係」、「海洋」、「環境」，邀請多位專家學者，針對每一種議題編寫 8 個高中生「不可不知」的主題。

8個你不可不知的
人權議題

李茂生　主編

本書從兒少、性別、勞動、種族、老人、障礙者、醫療、刑事司法等八個不同的領域，探討人權的意義與問題。期望透過本書，讓讀者明瞭人權不是用條文堆砌而成的，而是一種人際關係間的感受，進而讓社會產生良善的效應。

8個你不可不知的
多元文化議題
劉阿榮　主編

文化，就是生活；生活百百種，文化當然也充滿各種可能。本書邀請你參加一場多元文化博覽會，以臺灣原住民族、漢人移民、新移民的故事揭開序幕，再將焦點放在中港澳、歐美、東亞、紐澳地區。你將會發現，各種不同的文化讓世界增添繽紛的色彩，而這些文化的保存與尊重，是所有人類的使命。現在就請帶著開放的心，參與這場文化盛會吧！

8個你不可不知的
海洋議題
吳靖國　主編

所有人類，都是海的子民。海洋是生命的起點，是這個世界占地最廣大的範圍，而陸地上的我們對它的實際認識，還不到十分之一。人類對自身起源的探祕之旅才正啟航。現在，請從書桌起身，走出陸地，參與這趟旅程，透過海洋休閒、海洋社會、海洋文化、海洋科學與技術、海洋資源與永續等各種面向，伸手觸碰這片遼闊豐饒的大海。透過海洋，與世界相連吧！

8個你不可不知的
環境議題
魏國彥　主編

人類會改變環境，也會被環境改變，地球就像是一個巨大的生命體，每天都跟我們的生活相互牽繫。地震來臨時有哪些非做不可的事？臺灣缺電，發展再生能源就是解決問題的萬靈丹嗎？每年都想換一支新的智慧型手機，會為世界另一端造成多大的危機？翻開本書，你會發現環境議題比你想像中更值得關切，不可不知！

尼泊爾史——雪峰之側的古老王國

這個古老的國度雪峰林立，民風純樸，充滿神祕的色彩。她是佛陀的誕生地，驍勇善戰的廓爾喀士兵的故鄉。輝煌一時的尼泊爾，在內憂外患中沉默，直到2001年爆發的王宮滅門慘案，再度成為國際焦點，真是王儲為情殺人或是另有隱情？尼泊爾又該何去何從？

約旦史——一脈相承的王國

位處於非、亞交通要道上的約旦，先後經歷多個政權更替，近代更成為以色列及阿拉伯地區衝突的前沿地帶。本書將介紹約旦地區的滄桑巨變，並一窺二十世紀初建立的約旦王國，如何在四代國王的帶領下，在混亂的中東情勢中求生存的傳奇經歷。

阿富汗史——文明的碰撞和融合

什麼？戰神亞歷山大費盡心力才攻下阿富汗！什麼？英國和蘇聯曾經被阿富汗人打得灰頭土臉！沒錯，這些都是阿富汗的光榮歷史！就讓本書一起帶領你我了解不同於電視新聞的阿富汗。

敘利亞史——以阿和平的關鍵國

敘利亞，有著與其他阿拉伯國家不同的命運。幾千年來，不同的入侵者先後成為這裡的主人，艱苦的環境和無盡的苦難，讓敘利亞人民除了尋求信仰的慰藉外，也發展出堅忍的民族性，使其終於苦盡甘來。

國別史叢書

韓國史──悲劇的循環與宿命

位居東亞大陸與海洋的交接，注定了韓國命運的多舛，在中日兩國的股掌中輾轉，經歷戰亂的波及。然而國家的困窘，卻塑造了堅毅的民族性，愈挫愈勇，也為韓國打開另一扇新世紀之窗。

日本史──現代化的東方文明國家

她擁有優雅典美的傳統文化，也有著現代化國家的富強進步。日本從封建的舊式帝國邁向強權之路，任誰也無法阻擋她的發光發亮。她是如何辦到的？值得同樣身為島國民族的我們學習。